U0144543

羅 門 論

張 艾 弓 著

現代文學研究叢刊
文史哲出版社印行

國家圖書館出版品預行編目資料

羅門論 / 張艾弓著. -- 初版. -- 臺北市：文史
　哲, 民 87
　　面： 公分. -- (現代文學研究叢刊；4)
　參考書目：面
　ISBN 957-549-176-9(平裝)

1.羅門 - 作品集 - 評論

851.486　　　　　　　　　　　　87015463

現代文學研究叢刊 ④

羅　門　論

著　　者：張　　　艾　　　弓
出 版 者：文　史　哲　出　版　社
登記證字號：行政院新聞局版臺業字五三三七號
發 行 人：彭　　　正　　　雄
發 行 所：文　史　哲　出　版　社
印 刷 者：文　史　哲　出　版　社
　　　　臺北市羅斯福路一段七十二巷四號
　　　　郵政劃撥帳號：一六一八○一七五
　　　　電話 886-2-23511028・傳眞 886-2-23965656

實價新臺幣二○○元

中 華 民 國 八 十 七 年 十 一 月 二 十 日 初 版

羅 門 論

目 錄

引　言

　　羅門是當今臺灣詩壇大師級詩人之一。自一九五四年其詩作《加力布露斯》發表於紀弦主編的《現代詩》季刊上起，四十多年來，他筆力不輟，全身心地投入詩的世界。他不懈地創作、深入地思考，從而奠定了今日臺灣詩壇上"孤傲高貴的現代精神掌旗人"的地位。

　　在羅門的創作生涯中，除了題材不斷拓展、不斷深掘的創作領域和時時更新的語藝術技巧之外，他那傳奇性的經歷、純粹詩化的人格，以及內含著的悲憫情懷、由理論修養積澱而成的詩論等，同樣值得詩評界深入研究。本文將從生平、理論、創作、技巧四個角度楔入，并力求統一起來，進行綜合考察。論文擬分四部分：第一部分，介紹羅門的生平和著述；第二部分，梳理羅門的美學思想變化的歷程；第三部分，將羅門的詩作進行分類，在現代詩歌的大座標軸上標定其位置和意義；第四部分，著重於研究羅門的創作觀和詩藝，分析其詩的意象組合和構造等。

第一章　生平和著述

　　羅門，一九二八年生於廣東省（今屬海南省）文昌縣，原名韓仁存，與中國現代史上赫赫有名的宋氏家族屬同一宗族。父經商，經常出海往來於南洋諸國，多在異國它鄉。幼年的羅門時常佇立海邊，向大海的盡頭、向海平線處長久地眺望、守候，盼著父親的歸來，這無形地在童稚的心靈裡蘊積了思念的情感。這份思念由於世事滄桑被拉得更長，連同童年的記憶一起化溶成那綿延不絕的鄉愁，成為詩人日後取之不盡、用之不竭的情感寶庫。如在《海鎮之戀》中唱出的：

　　　那海鎮有大魚大蝦，和平與恩愛，
　　　有父親的拖輪，船塢與貨棧，
　　　有許多歡笑湧過來似浪，
　　　有我童年時被戰爭割斷了的幸福之泉，
　　　如今已無法流回它那裡！

　　一九四二年，十四歲的羅門遠離家鄉，進入地處四川成都的“空軍幼年學校”，這一行動，既是避離逐漸蔓延到家鄉的戰爭，也是對戰爭的一種投入。一九四八年，滿二十歲的羅門升入設於浙江杭州的筧橋空軍飛行官校，一直就讀至遷臺後的一九五〇年。而後，臺灣海峽爲武力對峙所封鎖。在就學期間，羅門曾作爲一名優秀的足球運動員，代表空軍足球隊參加一九四八年在上海舉行的“第七屆全國運動會”，可見他是一個體格強健、熱愛生命、熱愛生活的年輕人。據說羅門早在一九四八年編輯空軍幼校畢業特刊時，就已發表詩作，由於年代久遠，於今已不可查考，但能夠肯定地說，羅門很早就與詩神結緣了。①

到了臺灣之後，羅門方展露其全部的詩人才華。一九五二年，他從“空軍飛行官校”離開，考進“民航局”，有了一份穩定的職業和收入。而後，羅門開始涉足於詩歌這一領域。一九五四年，他的成名作《加力布露斯》發表於《現代詩》季刊，主編紀弦先生厚愛有加，將其套紅醒目地印刷於該刊封底內頁。這是羅門第一次公開發表的詩作，卻一鳴驚人，以後便一發而不可收。同在這一年，羅門結識了日後成爲他妻子的女詩人蓉子，那首情思熾烈的《加力布露斯》若不是致獻給蓉子的，便是爲蓉子所促動而萌生的。同是生於一九二八年的蓉子，詩齡要比羅門長些，當時也比羅門的名氣大。她自一九五〇年發表《爲什麼向我索取形象》、《青鳥》以來，她的詩以“玲瓏活潑、音響輕柔、意象明澈、低徊含蓄，風靡於當時青年知識分子之中"。②無論是從詩情的觸發，還是從詩藝的研習，羅門並不諱言是蓉子把他引入詩壇的。一九五五年，羅門與蓉子熱戀成婚，奠定了延續四十餘年並仍將延續下去的詩壇佳話的始端，伉儷倆一剛一柔，一直率一含蓄，一外一內，在詩心、詩情、詩藝上相互啓發、相互激勵、相互磨礪，携手並進。自此，羅門邁上了義無反顧的詩旅之途，因爲蓉子時時給他設置了寧靜而溫馨的歸航的港灣，

　　在夢裡，一支金箭射開黎明的院門，
　　你倚在天庭的白榕樹下，
　　我雙手撩開你夜一般低垂的黑髮。
　　　　　　　　——《曙光——給蓉子》

　　自一九五四年發表第一首詩起，至一九七七年辭去"民航局"待遇優厚的工作而提前退休，專事詩的創作與詩的活動爲止，這前後二十餘年是羅門詩創作的全盛時期。其間出版的詩集有《曙光》、《第九日的底流》、《死亡之塔》、《日月集》（與蓉子的英文版合集）、《羅門自選集》等；論文集有《現代人的悲劇精神與現代詩人》、《心靈訪問記》、《長期受審判的人》等。這一時期，羅門泣血啼淚般向靈魂深處的悲劇挺進，向時空、向死亡、向歷史，呼喊出最眞純、最沉痛的聲音，去尋找那終極的

價值和信仰，並毫不妥協地去揭開都市浮華、虛榮的面紗後所暗埋的病痛與陰影。這一時期羅門的詩及詩論爲其贏得國際性的聲譽，一九六七年，《麥堅利堡》詩獲得了菲律賓總統金牌獎。一九六九年"第一屆世界詩人大會"上，羅門與蓉子被評爲"傑出文學伉儷"，並獲菲總統大綬勛章。一九七六年在美召開的第三屆世界詩人大會上，獲大會特別獎並接受大會加冕。③在島內，羅門獲得臺灣"重量級詩人"、"詩壇重鎮"的稱號。他還通過主編《藍星詩頁》、《藍星季刊》、《藍星年刊》集聚起一批青年詩人與藝術家。一九七七年，他的作品入選《中國當代十大詩人選集》，成爲與余光中、洛夫、痖弦、楊牧等比肩並立的十大詩人之一。④

　　一九七七年辭去公職之後，羅門全身心地投入到詩的創作與詩的活動之中。迄今出版了詩集：《整個世界停止呼吸在起跑線上》、《誰能買下這條天地線》、《羅門詩選》等；論文集：《時空的回聲》、《羅門論文集》等。由於受到七十年代後興起的回歸鄉土、回歸古典及大衆文化等思潮的影響，除了詩風有所轉變以外，羅門也開始積極參予各種文化、藝術的活動，著手整理自己的詩作、論文和評論者給予他的評論，並提携、指導年輕的詩人。這一段，許多獎項接踵而來，一九八七年詩人節獲"教育部長"頒發的詩教獎，一九七八年獲"中興文化榮譽獎"，

《整個世界停止呼吸在起跑線上》獲《中國時報》一九八八年度的新詩推荐獎，一九九一年獲年度中山獎，羅門收獲著來自社會的承認，朝著經典化詩人的方向邁進。一九九二年，葉立誠在《菲律賓商報》的《臺灣詩壇五巨柱》一文中，將羅門與洛夫、余光中、鄭愁予、楊牧並列，而以羅門居首。更有甚者，還將羅門、余光中、洛夫作為臺灣頂尖三詩人並列。羅門還參予各種詩獎評選活動，參加各類詩或藝術的夏令營，擔任各種講座，不吝指教、提携有才華和潛力的年輕人。一九九○年羅門被選舉為臺灣“青年寫作協會值年常務監事”，這一切都標識著他在臺灣詩壇大師地位的確立。

羅門的大度、大氣與其開放性的視野有關，各種新興藝術、各類藝術之新銳，如繪畫、雕刻、電影、鐳射（錄影），他都涉獵和積極參予，並與這些行列的前衛藝術家們配合，以詩為基點來參予他們的活動和展覽。一九八二年，羅門配合雕塑家何恒雄，作詩《花之手》與雕塑並列於臺北市新生公園，羅門稱之為“第一次將中國現代詩發表在國家土地上”。更為傳奇的是，羅門住所中有一間使用廢舊材料精心設計營造的“燈屋”，融詩歌、繪畫、雕塑於一體，新穎別緻。這一富於裝置藝術美（Installation Art）風格的的藝術空間，顯示了羅門跨越多種藝術門類的通才，也吸引了諸多海內外詩人與藝術家前來參觀，並

給予高度的評價。羅門在臺灣詩壇以其不滅的詩情、旺盛
的生命力、大度的人格創造出了許多的傳奇和佳話。他的
朋友這樣地評價、摹寫：

> 跟羅門交往過的人都知道，一談起詩，羅門永不疲
> 倦，朋友都稱他爲"羅蓋"，說他是"心靈大學的
> 校長"，他認爲人類需要詩，他"蓋"的也是詩，
> 這些戲稱都只說明羅門對詩的那份狂熱，羅門是個
> 徹頭徹尾的詩人。
> 如果說洛夫常常惹起戰火，那麼，羅門則是隨時迎
> 敵的人，事無巨細，只要有人批評了羅門，羅門一
> 定會有長文答辨，而且，不做人身攻擊，不扣帽子，
> 永遠繞著詩與心靈打轉，維持詩人的可愛。⑤

　　因爲詩與藝術就是羅門的宗教，羅門的信仰，爲詩與
藝術他甘願耗盡自己所有的心與力。四十多年來，羅門就
是這樣在詩國裡、藝術的天堂中走過來的，並會永遠走下
去。他的激情和狂熱不能不使人肅然起敬，這是一尊未成
形的雕像，因爲他仍在詩與藝術中前行。

【附　註】

① 　參閱社十三《羅門論──羅門暨其詩作的價值》，見《從詩

中走來──論羅門蓉子》，臺灣文史哲出版社1997年版。

② 《臺港文學導論》，潘亞暾主編，高等教育出版社1990年版，第172頁。

③ 參閱《整個世界停止在起跑線上》，羅門著，臺灣光復書局1988年版。

④ 參閱《臺港文學導論》。

⑤ 蕭蕭《詩人與詩風》見《臺灣日報》1982年6月24日。

第二章　詩思流程

　　依據自己的詩作，羅門曾給自己的創作生涯作出如下
的美學分期：

> 從《曙光》的浪漫抒情，到《第九日的底流》、《
> 死亡之塔》、《隱形的椅子》、《曠野》、《日月
> 的行蹤》等，偏向於現代人繁複的心象活動所做的
> 象徵、超現實、投射與直叙的表現，以及近年來，
> 不少詩中採取較平易與明朗（但仍強調其深度與密
> 度）的語路……①

即大致經歷了三個時期：浪漫抒情的"曙光"期；繁複心
象活動的"現代"期；近年的平易期。詩人自作的界定和
分類雖是側重於其詩語感、語態的變化，但不難發現其後
潛伏的美學觀念發展變化的影迹。

一、"紅色火焰"——浪漫抒情的"曙光"期

　　這裡引用的是詩人自己的原話："《曙光》時期浪漫
情思外射的紅色火焰"，②沿用的是詩人自己原有的分期。

這一時期的美學特徵是鮮明的，詩人的年齡、審美觀念與其詩歌創作渾融一體，映射於一九五四至一九五九年創作的《曙光》詩集中，留下一顆年輕善感的心在遭遇詩神、遭遇愛情時波動感應的蹤迹。在《曙光》集中，詩人向心目中的愛神傾訴心曲：

> 如果我不能再遇見你，
> 或者你回來時，我已雙眼閉上，
> 那時心會永遠死去，
> 黑夜在白晝裡延長，
> 海洋也會久久的沉默。
>
> ——《加力布露斯》

或懷著一絲憂鬱和感傷憶戀童年時代光明璀璨的懷念，

> 啊！那海鎮
> 如南方巨人藍色闊邊帽上一粒明亮的寶石
> 我小時的指尖曾捕捉它的光輝。
>
> ——《海鎮之戀》

或在藝術想像裡營造理想的天國，

恩芬天奴!——
音樂王國的使者，美之神的牧師。
你的玉喉是宮殿，翡翠谷，銀行與金庫，
你的聖唇啓閉是意大利的城門一開一關，

　　　　　　——《向不朽的精神文明致敬》

或傾聽自我生命的足音，

過來同飲吧！我的鄰居好友——寂寞，
那金色的和暖的時辰又已升上，
在平靜的牧場，我的思想常如走動著的羊群；

　　　　　　——《寂寞之光》

愛情、逝去的故鄉記憶、理想、生命感受是這一時期詩人的主要創作對象和素材，化入詩行中變成流動的美侖美奐的音調與韻致。朱光潛先生在總結浪漫主義的共同特徵時把情感、想象、"感傷憂鬱的情調"、"回到中世紀"、"回到自然"作爲浪漫主義的諸要素，③只要把最後二種要素翻譯成對逝去田園牧歌式生活的懷戀，那麼《曙光》期就無一不適合之，可見它屬於浪漫主義的"曙光"。它首先遵循了浪漫主義抒情詩人的情感邏輯，即詩內流轉的情感是一以貫之的，將意象串結成一體，"在抒情中，詩人是向人們直接披露自身的思想情感，而不像其它藝術那樣，是通過塑造外在的形象（如雕塑）或虛構外在的生活情節（如小說）達到間接的傳示"。而是由雙向構合："把詩人主體的精神直接展現給對象"和"把外在的生活現象'同化'於自我"，④使主體精神──情感有所附麗，使繁複之意象得以統合，融合成精美的抒情詩章。同時，《曙光》中的詩還充分展示了想像，而不僅僅是建基於客觀現實物象上的幻想，它內含著豐饒的東西，正如十九世紀英國浪漫主義詩人華茲華斯所說："想像不過是絕對精神或最親切的直覺、廣闊的心胸和最崇高的理性的代名詞罷了"。⑤《曙光》中，可命名、可確指的情感意涵不多，大多數是以欲言又止的言外之意吸引著讀者沉入其中的意象漩渦，像與華茲華斯同時期的浪漫主義詩人布萊克所講的："想像的世界就是永恒的世界，它是我們肉體死亡之後人人必去的聖地，這個想像的世界是無究的、永恒的，而繁殖生長的世界則是有限的、短暫的"。⑥情感是人的意識中最富於變動、最不可琢磨的一個領域，而想像與情感的於抒情詩中的聯合更加劇了這種意蘊的不定性，給詩章塗上了神秘的色彩。羅門在此時期的創作意念中也存在著同樣的狀態，他曾這樣形象地描述他"紅色火焰"的浪漫抒情時期：

那些永不能加以說明，海一般的情緒在我心靈深處，
如悠長的浪起伏著、奔騰著、氾濫著，如此無邊，
如此永恒；我時爲它的臨現而歡狂在懷，默中張開
想網．我預知像曙光一樣的生命就向我撲來了！我
的心胸如燃燒著滿天夕陽，壯麗②

　　情感的表達方式有想像和幻想之別，若離棄與生命根
繫相連的想像，而一味沉湎於無邊的幻想，那便會流於濫
情。抒情之於中國詩人而言是再熟悉不過的東西，《毛詩
序》曾有經典性的論述："詩者，志之所之也，在心爲志，
發言爲詩。情動於中而形於言，言之不足故嗟嘆之，嗟嘆
之不足故永歌之，永歌之不足，不知手之舞之，足之蹈之
也"。⑧從"言志抒懷"的《詩三百》，到屈原之《離騷》，
到魏晉名士於夾縫中的歌咏，再到登峰造極的盛唐詩潮，
形成了一個以詩抒情狀懷的傳統。由於有格律、對仗、平
仄、章法的規矩和限制，詩人抒發之情仍有制約，未流於
情之氾濫。但二十世紀初白話的倡導、西詩的譯介，以及
《新青年》雜誌採用西式語法、句式的白話文學、白話詩，
沖垮了數千年所鑄成的詩詞格律的森嚴的規則，而歐洲浪
漫主義的雪萊、拜倫等的詩作以其新奇、自由的句法和語
式，放任的情感流露，更風靡於當時的青年一代中。面對
著再無遮攔的空間，個人的情感、情緒迅速地擴張膨脹，

以至於情感、情緒直接入詩，不作含蘊、揣摩，似乎那些不加思索、不用想像張口湧出的就是詩。對此，葉維廉曾指出其病根：

> 試以二三十年代中國作家瘋狂擁抱的浪漫主義爲例。他們強調的僅僅是浪漫主義的情感成分（常常以濫情主義的極端形式出現），而對浪漫主義的中樞運思行爲——想像，則毫無所知。⑨

確實尖銳地擊中其流弊，這些中國的第一代的浪漫主義抒情詩人的濫情，即在於他們撇開、忽略了想像。

反觀羅門，在《曙光》集裡的那些詩純淨而沉抑，內在含蘊的審美的情感被閃亮、聲采兼備的意象所裝飾圍裹著。徐志摩曾說過："愛是不能沒有的，但不能太熱了，情感不能不受理智的相當節制和調劑"。⑩在《曙光》集中，理智對情感的節制是其重要的美學特質，由此詩裡的情感是凝定的，是專注的，並獲得充分的對象化，結成富於生命力的意象。羅門曾直接表示過對濫情的浪漫主義詩風的摒棄，並用以指導詩的創作，"年青人一開始寫詩，總是較一般人情感豐富、想像力奔放，對生命與一切充滿了熱愛、希望、理想與夢幻……而這種較缺乏體認與理知性做基礎的心態活動，率直的表現於詩中，便是很容易的偏於浪漫的抒情詩風"。⑪如《加力布露斯》一詩中：

> 久久的，我等你從茫無邊的海上歸來，
> 帶回你往日的歡歌同快活的情思，
> 可是在那熟悉的碼頭上，我只是飲風淋雨遙望，
> 我的心是較深夜末班列車去後的月台，更爲凄冷了！

以"我—你"人間最切近的關係，去傳達那份親密的愛意和思念，縮短情感上的距離，使它顯得明淨而純潔，而不致於放任自流。僅你、我之間那往日的"情思"自然地流露、燃燒，而沒有無節制地泛濫開來，是"凄冷"的"月台"把它凝定了。羅門的詩中，凝煉的意象與意象之間保持統一的邏輯聯繫，這共同築成了一個情感流動的通道，它成爲羅門特有的抒情結構，外化爲詩即是其形式結構。本世紀德國的哲學大師卡西爾（Emst Cassirer）極力稱道這種把詩當作藝術作品一樣進行創作的方式，他說：

> 抒情詩人並不僅僅是一個沉涵於表現感情的人。只受情緒支配乃是多愁善感，不是藝術。一個藝術家如果不是專注於對各種形式的觀照和創造，而是專注於他自己的快樂或者'哀傷的樂趣'，那就成了一個感傷主義者。因些我們根本不能認爲抒情藝術

　　　　比所有其它藝術具有更多的主觀特徵。因爲它包含
　　　　著同樣性質的具體化以及同樣的客觀化過程。馬拉
　　　　美（Malame）寫道：“詩不是用思想寫成的，是用
　　　　詞語寫成的”。⑫

若以卡西爾這段話去概括羅門“紅色時期”的創作特色，
是十分切合的，情緒流動、灌注爲形式的塑造、意象的鑄
型。

　　羅門的創作一開始便有如此之高的起點，曾一度震驚
臺灣詩壇，但他並不是一道謎題。一位西方學者曾把浪漫
主義文藝創作歸結爲三個要素，即“青春的活力，渴望與
陶醉”，⑬其間是三位一體的。羅門邁進詩國的腳步是無
意的，甚至有著青春期本能的驅動。沒有那種系統而僵滯
的文學教育，沒有那種典雅卻虛僞的文人氣的熏染，全憑
著那火熱的青春激情、那對愛的渴望、那在愛與回憶中的
陶醉，進入創作境界。擺在這位浪漫抒情詩人面前的自然
沒有影響的焦慮（Anxiety of Influence），而能自由地創
造。但由於五十年代臺灣現代主義詩歌創作開始興起，對
創作中“知性”因素的關注，客觀地使羅門對情感的宣洩
有了一定的“節制”。

　　對於自我創作生涯中的這一時期，羅門在《自我創作
世界的解剖》一文曾這樣回述、評價：“因爲在這時期，

他的感性活動，強過他的知性活動；他的想像經驗超過他的實際經驗，他的心靈在時空裡探險的旅途也較短，他的聯想力，也往往未經過靜觀的沉思默想之過程；同時在美學上的訓練實驗與認知，也不夠等等……都是使他不能順利地掌握住詩的藝術精神在較深入的第三層次裡活動"。⑭所謂"第三層次裡的活動"是指"深入性的思考力能於無形中溶進美感的活動中"，⑮即達到知性與感性的統一。在羅門看來這個"紅色火焰"的"曙光"時期，熱力有餘而沉凝不足，感性的聯想、想像有餘而思考不足。作為其美學思想發展的一個進程，這個有著缺憾和不足的時期卻孕育著生機和潛力："縱然如此，我仍覺得《曙光》這本詩集，它確已證明我的創作世界，一開始便傾向於我強調的藝術精神活動的第三層次，且意圖將文字的力量，送到生命與事物的深處，專使一種東西在'美'與不可見的'奧秘'中爆發"。⑯只有深入地思考才能發掘到"不可見的奧秘"，浪漫抒情的《曙光》期中，已潛含著感性與知性、美與深度思考達成一致的契機，這是羅門詩歌美學思想必然性的發展進程。

　　《曙光》集中除吟咏愛情，回憶童年、故鄉這些出自於個人經歷上的情感動機外，同時還顯露出詩人悲憫的情懷、對人生世態的咏嘆。如短詩《小提琴的四根弦》，

童時，你的眼睛似蔚藍的天空，
長大後，你的眼睛如一座花園，
到了中年，你的眼睛似海洋多風浪，
晚年來時，你的眼睛成了憂愁的家，
沉寂如深夜落幕後的劇場。

詩中巨大的人生跨度來自廣袤心靈的涵括，詩人對人生歷程的展示，既有感性的詩意美，又有理性思考的深沉。這是個契機，詩人將要發展它，尋求更高的無限的歸屬，"要求聯繫，要求結合一直都是浪漫主義的本質，愛情和友誼當時是它的題材。浪漫主義者是把愛情加以神化的詩人……但是浪漫主義者對於愛情和友誼都是從對內親密關係擴展到對外廣泛關係的，從個人主義到普遍主義的"。⑰這段對音樂浪漫主義的評述適合於早期羅門的詩創作，他的題材也在擴展，從愛情、童年記憶到更具涵蓋面的境域。如

光榮與你的祖國同在，
今夜我默向人類不朽的精神文明致敬。

　　　　　　　——〈向不朽的精神文明致敬〉

冬日！
人類夏日得來的急躁同深秋感染的憂鬱病是好轉了，

——《鑽石的冬日》

"人類"翩然走進羅門的詩行，標志著詩境的提高。

　　"曙光"期的羅門沉浸於浪漫抒情的玫瑰色漩渦中，雖然也沾染有唯美的傾向，偏於個人情感的一隅而吟咏歌唱，但他並未陷入頹廢的傷感，在《曙光》集中，也展露出他敏銳的目光、批判的犄角。如《城裡的人》一詩，

> 他們的腦部是近代最繁華的車站，
> 有許多行車路線通入地獄與天堂，
> 那閃動的眼睛是車燈，
> 隨時照見惡魔與天使的臉。

"他們"這一人稱標明了詩人與城市以及都市現代人的距離。以盧梭為代表挽留田園自然生存狀態的浪漫主義者一旦邁進機器轟鳴、人聲嘈雜的現代都市，除了一邊展露批判的鋒刃外，在情感、靈魂深處還急需著另一種提升，"浪漫主義者們努力從那些可能重新恢復而成為普通性的力量中開發出一種新的神話來；於是他們不可避免地就返回到了天主教義"。⑱浪漫主義者一個無法回避的歸宿就是向宗教與信仰靠攏，羅門是一個無神論者，他所處身的是一個信仰坍陷的時代，但他最終還是向"宗教"靠攏，不

過這是一種自選的、自我創造的 "宗教" ，即詩和藝術。
"詩人與藝術家便是將那純然的光輝帶到 ‘人’ 的天國去
同上帝的天堂爭光的人" ⑲這種對藝術的終極追尋，預示
著羅門成不了一以貫之的浪漫主義者，他只能沿著現代主
義的詩美學途徑前行。

走出 "紅色火焰" 的浪漫抒情 "曙光" 期，走出詩人
創作生涯的浪漫主義階段，並非便與浪漫主義絕緣，隨著
詩人在美學思考上的一步步成熟，一步步邁向人類精神靈
魂的峰巔，浪漫主義的質素化爲浪漫精神而沉潛下來。

> 事實上，浪漫精神，不但成爲人類生命過程中永不
> 可缺少的東西，給人類冷靜的知性活動，必要時以
> 活潑的彈力；給人類豐富的感性活動，必要時以極
> 佳的推進力；同時，更能在藝術家的創作生命中產
> 生熱動性、躍動性與劇變性的效果。⑳

他珍惜藝術創造中的浪漫精神，它成爲詩人的詩思與詩心
中富於靈動、富於活力的部分。它的存在使 "曙光" 期在
詩人的整個創作生涯中獨具特色，並在其後的創作中留下
無法磨滅的影迹。浪漫精神的確立與揚棄爲詩人進一步涉
入心靈與生存的探險，起著重要的審美導向的功用。

二、"藍色火熖"——現代主義的探險期

經過浪漫抒情的"紅色火熖"——"曙光"期之後，接下來一個新的美學時期的"藍色"是這樣的，羅門說："把《曙光》時期浪漫情思外射的紅色火熖，向內收斂，而冷凝與轉化成爲穩定與較深沉的藍色火熖。從此也開始走進抽象與象徵乃至含有某些超現實感覺等表現的路途上來了"。㉑這個新的美學時期以呈現出成熟態勢的"藍色火熖"爲特徵，可稱之爲"藍色火熖"時期。從詩人的創作來看，由"紅色火熖"過渡到"藍色火熖"期，這之間似乎並不存在一個中間的緩衝與過渡地帶，從兩個時期的代表性的詩集《曙光》與《第九日的底流》比較來看，可以說是一個急轉直下的美學風格的突變。不過，這突變的後面存在著一個有明晰意識指導的美學選擇，"在精神意識上，我必須有效地控制住'曙光'時期那條創作生命的奔流，使之在沉著的拉力中，進入深沉與凝定，使心靈活動的外傾力向內收斂，使情感猛烈地燃燒的紅色火熖，轉變爲冷靜但溫度更高的藍色火熖，使情思的活動自線與平面性，變成網狀與立體形貌，自單純變爲繁複的交響，自理想性撲向透視中的眞實；更重要的，是我必須衝入'現代'這一新的生存面，它是任何一個具有現代精神的詩人與藝術家不能不正視與關心的……"㉒詩人對於自身的轉

變有著清醒的自覺，他不但從美學意識上完成藝術風格的轉變，還要在詩藝傳達方式上進一步落實這個轉變，即＂製造出繁複的意象，與意象之間的張力；產生出富於暗示性的象徵意味，乃至使精神進入超現實感覺微妙的游離之境；使世界透過抽象過程但並不晦澀地呈露出它內在的擴展性的美；使詩在知性與感性的穩定性作用中，傾向於眞實與成熟的心感活動，在精神的膠著狀況上、表現出一切在深處相呼應的奧秘；同時強調作品內涵力所展開的遼闊的幅面及其立體性的建構的層次與其猛烈地襲向‘人’與‘世界’的絕對威力……＂。㉓詩人志在構建一個新的詩歌美學體系，從基調、觀念意識與表達方式上去落實、去完成這一美學轉移，達到更高的美學追求。在《自我創作世界的解剖》一文中，羅門把＂思考性的美感＂置於＂詩與藝術精神活動的三種層次＂最高一層，＂在創作時，他深入性的思考力，能於無形中溶進美感的活動中去，則他更是同時在替‘美’與‘精神的深度’工作，他在讀者的心靈上，也同時可得到兩種非凡的收獲：一是美感；一是偉大感。由於精神深度是必須使心靈通過人生重大的思想面方能觸及。因此當這些具有偉大性的思想內容，在創作時，衝進藝術的活動世界時，此刻的情況，它可能使作品的精神達到完美與接近偉大＂㉔強調＂思考＂，即強調詩美創造時的＂知性＂活動，按紀弦的原則，它是臺灣現代詩與傳統詩兩者間分野的標志。羅門建立了由富有張力性的兩極構成的詩美創造機制：“美感”與“思考”，“美”與“精神深度”，“感性”與“知性”，雙間融合一體、協調運動。與知性不足而感性有餘的“曙光”期相比，“知性”在新的一輪美學時期裡獲得了充分的強調。

　　“知性”作爲一個不可或缺的因素進入詩美創造中，這是受世界性現代主義文學思潮的影響。一九五六年二月，《現代詩》第十三期刊載詩人紀弦的《現代派信條》的宣言，它以六大信條標志著臺灣現代詩歌的啓始，也標志著“現代派”詩社的創立，它宣稱：

　　　　一、我們是有所揚棄並發揚光大的地包含了自波特萊爾以降一切新興詩派之精神與要素的現代派之一群。
　　　　二、我們認爲新詩乃是橫的移植，而非縱的繼承。這是一個總的看法，一個基本的出發點，無論是理論的建立或創作的實踐。
　　　　三、詩的新大陸之探險，詩的處女地之開拓。新的内容之表現，新的形式之創造，新的工具之發現，新的手法之發明。
　　　　四、知性之強調。
　　　　五、追求詩的純粹性。

六、愛國。反共擁護自由與民主。㉕

當然，第六條乃時代之產物，有否意在修辭上掩飾，以迷
惑當局的意圖，另當別論。可從第四條的確立，標志著臺
灣詩壇新的時期——現代主義思潮的開始。他們的口號"
是橫的移植，而非縱的繼承"，在白話新詩發展三十多年
後，第一次公開地承認了他們與西方現代詩歌橫向的親緣
關係。西方的現代主義表現爲一種"理性和無理性、理智
和感情、主觀和客觀的相互滲透、調和、聯合與融合。"
㉖掙脫強大的抒情傳統的困扼，是中國現代主義詩人們取
得美學上獨立的前提；在感情的抒發中滲入、強調乃至偏
重於"知性"、"智性"的因素與成分，這便是羅門在"
藍色時期"詩創作時的審美趨勢。

　　頗有些諷刺意味的是，五十年代的臺灣，經濟剛剛起
步，農業社會的經濟成分仍十分濃重，工業社會的孽子—
—現代主義美學思潮尙缺乏孕育它的溫床。但是，從臺灣
當時所處的冷戰雙方之間的夾縫位置來看，新生的這批持
現代主義觀念的詩人們，其失去家園的背景，失去社會角
色的地位等困境，使他們糾集在一起，面對社會上普遍的
彷徨、迷惘、焦慮、尋索的精神狀態，逼使他們不得不從
自我、從精神界域中，去對"自我"、對"人"重新進行
肯定與界定。"他們不是作爲具體社會的一分子而存在，

而是作爲普遍人類的一分子而存在。他們的思想與創作不是從‘社會環境’的立場去發展，而是從‘人間境況’的立場去發展。從批判的角度來看，他們因爲被迫從社會中疏離（或‘異化’）出來，他們只有面對自己赤裸裸的存在，而不得不考慮到自己的‘存在問題’”。㉗戰亂、苦難、遠離家園、流離失所，這些深深植入臺灣那一代人神經中的悲劇因素，足以與西方的現代知識分子產生共識與同感。只需將那些因素抽象、集聚，變成悲劇的命運，“攬鏡自照，我們見到的不是現代人的影像，而是現代人殘酷的命運，寫詩即是對付這殘酷命運的一種報復手段”。㉘

　　羅門也是在這個時期由浪漫主義轉入現代主義，由愛情、理想、回憶的主題轉到“人生重大的思想面，諸如時空、死亡、戰爭，自然與都市，永恒與絕望之感等等”。㉙詩人的題材視域獲得無限擴大，詩人浪漫的古典式的美學觀開始向現代美學觀念轉變。在《自我創作世界的解剖》文中，羅門界定了“人類生命活動的三個層面”：

　　　　第一個層面——我知道人活著，總有一天要被時空消滅掉。
　　　　第二個層面——我知道人活著，被時空消滅掉後，仍可設想從花園、銅像、紀念館、百科全書與天堂裡復活過來。

　　第三個層面——他知道死了，花圈、銅像、紀念館
與天堂安慰的是我們。㉚

就在這三個層面上，羅門清楚地標出了古典主義與現代主
義的界限，他說："一般人心目中所體認到的偉大性，大
都是非常正常地發生在生存的第二層面上，而像貝多芬與
尼采等人是觸及了第三層面，又轉回到第二層面抱著存在
的可爲性，不斷進入生命的遠景，而成爲悲劇性（但含有
樂觀意識）的英雄偉人；至於海明威、卡夫卡、卡繆與沙
特等人，則是步入第三層面，仍堅守在那裡不去，守住上
帝無法聽見的那個屬於人的存在的回聲，他們希望能但他
們實在不能告訴我們有關生命的肯定性的答案"，㉛即在
於生存態度上的差別，現代主者們意識到生存的空無與荒
謬，卻仍堅守著它，就像卡繆的薛緒弗斯一樣——

　　　　神祇們處罰薛西弗斯，叫他不停地把一塊巨石推上
　　　　山頂去，由於它本身的力量，巨石又從山頂上滾下。
　　　　薛西弗斯是神祇的賤民，沒有權力，卻有反叛性格，
　　　　他十分了解他那悲慘的境況：當他下山的時刻他就
　　　　思索著這種境況。這種清明的心智構成了他的痛苦
　　　　同時也使他贏得了勝利。沒有什麼命運不能被輕蔑

所克服。㉜

　　現代人就是現代的薛西弗斯，羅門也給予同樣的描述，“他是手持輝煌的成果被死亡劫空過後，站在生存絕境裡，仍大聲喊出自己仍活著，像海那樣守在那無限的空漠裡……這情景令人聯想到他們的精神，像是被放逐到那預料到沒有什麼可收獲的荒原與沙漠上去耕作。”㉝，此時的羅門是一個站在“存在”角度、面對荒謬的現代主義者了。

　　羅門在“藍色火焰”的現代主義時期力圖實現“知感合一”的美學追求，其主要體現在如何動用“知性”的解剖利刃，以知性來剖析存在、命運與時代的荒謬。在《人類存在的四大困境》一文中，羅門界定了“愛欲引起的困境”、“回歸純我所引起的困境”、“戰爭引起的困境”和“死亡所引起的困境”㉞等人類存在的四大困境。並由此出發，在詩的創作裡展開了對於困境中靈魂的探險活動。從“愛欲”中離析出愛與欲，從“純我”的背後掘出現象界威脅性、侵略性的陰影，從戰爭裡刨出已朽爛的枯骨和不朽的軍功，從死亡的另一面探視到永恒的存在。羅門在荒謬的“存在”裡尋找，揭示“存在”的荒謬，指出其荒謬性的矛盾所在。這種思維方式極像古典主義集大成者——黑格爾的“正反合”思維邏輯運動，但是矛盾運動的最後一環，即“合”題並不是發生在概念中或個人之外，而是直接發生在每一個當事者身上，這也許就是現代美學與古典美學的區別所在，儘管二者皆遵循著矛盾的辯證法。

"存在"或荒謬，或矛盾，或分裂，羅門面對原型性的"困境"，運用辯證相演，在創作中將其一一生發開來：

> 主啊，連你自己都失業與斷糧了，
> 叫我們如何從奉獻箱裡要回你的借款。
> 　　　　——《死亡之塔》

這是發生在尋求信仰、歸屬與"上帝死了"的矛盾的現代精神之間；

> 在死亡的喧噪裡　你們的無救　上帝的手呢
> 血已把偉大的紀念沖洗了出來
> 戰爭都哭了　偉大它爲什麼不笑
> 　　　　——《麥堅利堡》

這是發生在渺小的充當犧牲品的個體與強勢的歷史之間；

> 沉船日　只有床與餐具是唯一的浮木
> 掙扎的手臂是一串呼叫的鑰匙
> 喊著門　喊著打不開的死鎖

　　　　　　——《都市之死》

這是尋求愛、情感的歸屬與沉溺於欲望官能之間的錯位；

　　而在你音色輝映的塔國裡
　　純淨的時間仍被鐘表的雙手捏住
　　　　　　——《第九日的底流》

這是在兩種時空：神性的時空與人造的機械時空之間的困惑；

　　生命便像斷在刀下的一根繩子
　　永恒是接的　在那日子來時迫著解開
　　　　　　——《死亡之塔》

這是死亡與永恒之間的選擇。

　　這一系列對立的卻又相互依存的意象組合，產生了意象間的矛盾張力，其悖論的中介是詩人的位置。這些矛盾是人類歷史發展的必然，往往引發悲劇性的結果。黑格爾哲學強調通過“正”、“反”力量的較量，在“合”的階段取得人類歷史的進步。羅門也重視甚至崇拜這種悲劇性的力量，他呼喊：“生命最大的響聲，是碰上死亡才響的”，

㉟"唯有在悲劇感中,才能了解偉大與永恒的眞義"。㊱
但他是從個體存在的角度發出的,帶有新的價值向度。作
爲一種置身於諸種"存在"矛盾中靈魂的探險,人雖然無
法與冥冥無形的支配生存與命運的力量抗衡,但他可以經
由自我選擇取得一種精神性的超越。羅門說:"我們唯一
能做的,便是順著自己的處境活下去,在逃避不了的最後
終結的審判之前,仍鎭靜地想出法子去靠近快樂與忍受痛
苦,仍沉著地面向虛無的時空,並在通過它時,設法攀住
那股超過失望與希望之上的沉默力量,去確定生存唯一意
義與價值——這唯一的意義與價值更是產生在'靈魂'的
雙目透過沉痛之窗,在'世界皆空'中,沉靜地去注視人
與宇宙的全部結局裡"。㊲"現代"處境中羅門沉痛的自
我宣言,意圖在痛苦的摸索中探出一條超越性的路,

> 我的島　終日被無聲的浪浮雕
> 以沒有語文的原始的深情與山的默想
> 　　　　　　　——《第九日的底流》
> 而什麼都不去想的想
> 是一更遠的遠方
> 　　　　　　　——《死亡之塔》

詩人在悲劇中的最後收獲是"世界皆空",如同禪家的最

後了悟。羅門確是參透了悲劇，但不純然是東方式的參透，因為對後者而言這已是終點，對羅門而言卻是個起點。

　　"存在"的各種困惑、痛苦，在悲劇力量中燃燒冶煉，也可能產生另一種純粹的美，從而展開一個等候著詩與藝術創造的更大的美學空間。羅門汲取東西方文化的優點又融合它們，在他的"第三自然螺旋塔"上實現對詩與藝術的信仰性的美的構建。

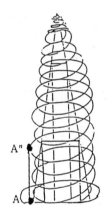

　　"三個自然"的劃分、"第三自然螺旋型架構"理論，是羅門重要的美學創見。"第一自然"以田園自然為代表，"第二自然"是以都市為代表的人造自然；而"第三自然"即是指詩與藝術創造出的另一種自然，即美學的時空（這個理論另在羅門創作論一章中詳細評介）。如上圖示，代表著現實原型的 A 不斷地乘方、不斷地盤旋至 A^N，包含著"圓"融的東方和"方形"、"三角"代表著的不妥協、

尖銳的西方，其冪不斷地積加直到 N——一個沒有確指的
無限的代號，走向無限與永恒。處於塔尖的代表著詩與藝
術，已脫化了具體的形迹，走向形而上、走向信仰，實現
“前進中的永恒”。㊳它是羅門對詩與藝術信仰的終極展
示，這對於現代主義“藍色火焰”時期的羅門而言，顯然
是一件重大的事情。因爲它是羅門經比較、測試現存的各
種哲學思潮、精神形態之後，最終選擇的美學上的信仰。
確立了對詩與藝術的恒久信念，這也是羅門告別“藍色火
焰”——現代主義詩創作時期，進入更開闊的詩美天地的
重要動因。

三、“繁複的單純”——現代主義之後的融合期

羅門在“藍色火焰”的現代主義時期，通過“第三自
然螺旋塔”確立了對詩與藝術的美學追求與信仰。他對“
第一自然”與“第二自然”採取超越性的立場，同時力圖
兼容東方與西方美學觀念，又形成一個詩美創造的新時期。
與前一次轉變不同的是，這次是以潛移默化的形式實現的，
是詩人美學觀念自然的遞進與轉化，是詩人經過現代主義
時期的悲劇與痛苦的襲擊之後的成熟，它顯得更爲開放、
更爲闊大、更爲沉潛。關於這新一輪的美學觀念的特質，
羅門說：“當我從《窗》詩中的‘猛力一推，竟被反鎖在
走不出去的透明裡’這一現代型悲劇所形成潛在性的自我

意識之困境，沖出去之後，‘東方’與‘中國’，在我心靈深處所潛伏的和諧的一元性自然觀，於經過現代西方文明二元性的生存觀之強大沖激，所產生的變動與蛻化”，㊴這逼使詩人作出新的應對。在《第九日的底流》、《死亡之塔》、《隱形的椅子》等詩作中，陷入靈魂掙扎與探險的詩人最終從荒誕、從悲劇性中解脫出來。純粹的現代主義觀念，其二元對立的衝突方式有時會把人導入絕望，切膚之痛告訴了詩人單一的西方型的悲劇解脫方式是不充分的，因此，他重新回到了自己的母體文化立場，重新研究東方文化的觀物方式。他認為：“東方與西方的文化，在現代，已非孤立與相排斥的存在；而是彼此不能不相互地吸引彼此的精華，去面對全然開放性的無限創造的境域”。㊵尋求東西方思想精華的化溶，產生新質，成了詩美創造的新的目標。回歸、接納東方文化的視境，並非以此一方驅逐另一方。經歷現代主義時期深層的靈魂衝突之後，詩人在這一時期開始強調融合，尋找兩大文化間的契合之處。“它既不是重覆陶淵明‘悠然見南山’的自然觀；也非受制於西方理知與機械文明所分解的思考世界，而是站在東西方二大文化在‘現代’的沖擊中，企圖抓住人存在於原本中的精神實態與實境。這種歸向‘人本’的緣發性與靈悟性，仍應是偏向於東方文化探本溯源的範疇，但它畢竟是從‘現代’的位置以新的形態與意涵偏過去的。於詩的

創作精神世界，應是有創新的意義的"。㊶留住東方文化
所具有"緣發性"與"靈悟性"，留住"現代"所顯標出
來的"人存在於原本中的精神實態與實境"，汲取兩大文
化中有益於詩、有益於藝術創造的部分，確立自我在美學
上的位置，詩人爲他的詩與藝術的創造開拓出一片闊大的
天空。

　　美學觀念上的變化引發了藝術形式上的創新。對自己
創作風格樣式、語言質感、修辭技巧等的變動，羅門這樣
概括："從《曙光》的浪漫抒情，到《第九日的底流》、
《死亡之塔》、《隱形的椅子》、《曠野》、《日月的行
蹤》等，偏向於現代人繁複的心象活動所做的象徵、超現
實、投射與直叙的表現，以及近年來，不少詩中採取較平
易與明朗的語路……都大致可看出我語言的走向——是由
早期想像任放與較淺明的直叙語態；轉變爲中期意象繁複
繽紛複疊與較深入的悟知語態；再就是近年來……要求自
己盡力走上'有深度的平易性'、'穿過錯雜的直接性'
與'透過繁複的單純'性等的語路"。㊷由此，可以列出
羅門的詩美創造歷程：浪漫抒情、想像放任、淺明直抒→
象徵投射、意象繁複、悟知語態、超現實表現→有深度的
平易、穿過錯雜的直接、透過繁複的單純。這是一條從詩
創作的實踐中開闢出來的通向美的極地的路徑。

　　在這一時期，羅門常"感到那過於修飾性的文學語言，

是構成這種要求（更直接、更不拘形式，且更透澈地透過
對象去抓住詩的本質）的阻礙，就是像以往所使用的那種
形態分明的意象，也同樣多少成爲詩的純粹世界之障礙"。㊸
他希望以最簡約的形式、最少的語言，擊中詩所欲表現的
對象的本質。如《賣花盆的老人》：

> 每天
> 他推著一車歲月
> 　擺在巷口賣
> 坐在盆外
> 他也是一只空了三十多年的
> 　　　　　　老花盆
> 直望著家鄉的花與土

去除任何雕飾，以最客觀的意象保持第一感覺，呈現原生
態的同時，也透示出某種意猶未盡的人生況味。詩人變得
冷靜而客觀，與浪漫時期與現代時期傾於內在情感化、傾
向抽象知性化的特徵有了顯著的區別。羅門甚至開始在詩
中減少甚至取消了抒情主人公——"我"的出現場次和頻
率。

　　如果說"紅色火焰"與"藍色火焰"時期，羅門側重
於對內心的情感、體驗與思緒的摹寫的話，那麼在追求東

西審美觀念融合的第三時期，則把詩的鏡頭對準現實境況，親臨"生存"的現場，在平易、單純的事象中寫出深度與繁複，寫出有限中的無限、瞬間中的永恒、現象中的終極。羅門這一時期詩中的現實境況並不是指此時此地生活的現狀，它是濃縮的、富於代表性的，並深埋著歷史性內涵的生存現狀，在尊重生活的邏輯的背後隱伏著詩的美學邏輯。雖然在詩人"第三自然螺旋塔"理論中，尋求到東西方雙向超越與融合；詩人也走出了現代時期心靈上的悲劇性的分裂，靈魂、信仰的傷痕開始初步彌合，但並不能說現實矛盾已經和解，生存已不存在傷痕與裂縫。詩人此時關注更多的是人這一族類的文化創造成果及其終極旨歸。羅門張揚起的"三個自然"的理論利器，通過現實境況中"第一自然"與"第二自然"的分裂與衝突，來呈示一種怪異的時代感，來喚起恒久的歷史感，這是記憶中的歷史，或是文化中的歷史。羅門才智傑出之處，在於他不但能呈示出自然田園與人爲的物質世界的反差，

> 高樓與山同坐
> 街道與河同流
> 煙塵與雲同飄
> 鬧市與海同蕩
>
> ——《曠野》

而且能進一步地取譬，演化爲田園——都市的并置，

　　　　綠燈是無際的草原
　　　　紅燈是停在水平線上的
　　　　　　　　　　落日
　　　　　　　　　　　——《曠野》

演化爲過去——現在的交織，

　　　　臉緊靠著車窗
　　　　　緊靠著記憶
　　　　原野要是以昔日的步子走來
　　　　　必穿著那雙芬芳的草鞋
　　　　　　　　　——《火車牌手錶的幻影》

或演化爲傳統——現代的互照，

　　　　祖國　當六天勞累的都市
　　　　　　已想到周日郊外的風景
　　　　鳥便在天空裡對飛機說
　　　　巍然的帝國大廈
　　　　永遠高不過你

> 悠然的南山
>
> ——《時空奏鳴曲》

甚至演化爲東方——西方的交錯，

> 當藍哥兒將整條街
> 　　　藍過來
> 一群人走進禮拜堂
> 　　去看聖母
>
> ——《時空奏鳴曲》

這個詩美創造上的發生與推演的技巧是卓越的，它不但呈示出田園與都市於現時代的空間隔離，而且將"第一自然"與"第二自然"作爲"修辭手段"展現出田園生存方式與都市生存方式在歷史空間中的隔離，田園與都市因而具有了一種歷史深度感，從而使讀者去尋索其文化的根基，使兩個自然成爲了兩種文化的代表。

　　這一時期，羅門由心靈探險轉向了文化尋覓，尤其是轉向了摻和著童年記憶的母體文化。對祖國故土的想念，對古老的傳統文化的嚮往，均以一種無法抵擋的誘惑在羅門身上生發開來。在《追索的心靈》這篇探訪錄中，他說："東方人的自然觀是人與自然合爲一體，'我'在自然之

中，自然也在‘我’之中，自然之外沒有另一自然。所以
這種和諧與融洽，在本質上含有寧靜與穩定感。西方文明
則偏於追求人與自然的敵對情境，人隨時要去征服自然，
改變自然，創造另一自然，於是人同自然之間形成衝突的
現象。衝突在本質上則含有不安與動變性。由這兩種精神
發展的動向，我們可看出前者是較易引動人類的心靈進入
靜觀之境而獲得聯想的時機”。㊽ “靜觀”是藝術創造的
佳境，“聯想”是詩與藝術創作展開的途徑。羅門傾心於
東方的審美觀念，是由於他在與現代主義的衝突進行比較
後，清醒的、自覺的選擇。羅門接著評價東西方詩學的差
異，他認為“中國詩是較西方詩更為純粹直接與自然，同
時更接近詩的本質，因為中國詩，不但一向意境高，而且
美感的活動形態偏於直觀與‘物吾兩忘’的頓悟性，不像
西方詩每每含有知性或理性的組合或分析等‘物礙’，因
而能直達無阻，一望無窮”。㊾由此，一種新的美學價值
取向產生了，中國詩的“純粹直接與自然”“頓悟性”等，
正是他此期“平易與明朗”詩美創造追求的內在導向。當
羅門進入他的第三個詩美創造的時期，正是六十年代末、
七十年代初余光中、洛夫等臺灣現代詩人“回歸古典”，
以及臺灣“鄉土文學運動”萌動時期，這說明羅門詩學觀
念及創作風格的轉變，是與臺灣詩壇這一大的美學變化同
步的。

　　後期的羅門在詩創作中，對兩個自然的"反差"較爲關注，他是有所偏向、有所側重的。如《2比2・20比20》詩"七"：

　　　　坐上電梯　摩天樓再高
　　　　　　　　也高不出屋頂
　　　天空坐上雲　誰知道眼眼有多高
　　　　　　　　　　渺茫有多深

　　"第二自然"淺薄、有限，不足於置放詩人的生命，只有無限、闊大、沉默的"第一自然"——大自然才與詩人的生命貫通。這種褒貶對照、好惡鮮明的審美傾向，直接促成了羅門自七十年代起至今所創作的"純自然詩"的出現。在這些純自然詩中，中期以兩個自然並置顯示分裂的都市詩裡消失的抒情主人公——"我"又轉了回來，但這是帶有"齊萬物"意味的"我"。如純自然詩《山》中：

　　　　只有讓眼睛走到凝視裡去
　　　　我才能走進你黛綠色的吟哦

　　詩人在詩中一方面重溫久違了的東方田園，一方面重溫中國古典美學所推崇的"物我兩忘"的境界，眞正地回歸母體文化的懷抱，以療治節奏愈來愈快速的現代都市生活給生命帶來的傷害。"第一自然"，即自然田園在詩人觀念中逐步占有越來越重要的地位，它"多半以驗證詩人心靈空間爲描述的最終意旨，也就是說多半是將'第一自然'拿來做爲'第三自然'的符徵"。㊻前者意念的涵括與引申，逐漸成爲了後者的代稱，這不能不說是羅門的詩美觀念的又一次轉變，但是這個轉變是沿著原有的審美傾向，自然地潛移默化地演進的。

　　就總的趨勢而言，由"藍色火焰"的現代主義時期到這"繁複的單純"的融合時期，尤其是純自然詩的漸之大量地誕生，使前一時期的悲劇感、深度性逐漸變爲流連於"山"、"河"、"海"、"雲"、"鳥"這些自然意象的"悟覺"。追求"物我化一"的永恒境界，相應中期的思緒來說，顯得相對平面化與經典化，但其中一些詩作竟有某些"後現代"的特徵，也許這是羅門所始料未及的吧。

【附　註】

①　《羅門詩選》，臺灣洪範書店1984年版，第16頁。

②　《羅門詩選》第11頁。

③　參見《西方美學史》下卷，朱光潛著，人民文學出版社1979年版，第227-229頁。

④　《詩美解悟》，俞兆平著，海峽文藝出版社1991年版，第95

頁。

⑤　轉引自《浪漫主義文藝思想研究》，羅鋼著，陝西人民出版社1986年版，第64頁。

⑥　引文同上。

⑦　羅門《月湧大江流》，見臺灣《自由時報》1984年11月17日。

⑧　《毛詩序》見《中國歷代文論選》，上海古籍出版社1979年版，第63頁。

⑨　《中國詩學》，葉維廉著，三聯書店1992年版，第196頁。

⑩　《中國新詩流派史》，柯文溥著，海峽文藝出版社1993年版，第140頁。

⑪　《生命的驛站》見《時空的回聲》，羅門著，臺灣大德出版社1986年版，第251頁。

⑫　《人論》，卡西爾著，上海譯文出版社1985年版，第182頁。

⑬　《西方十九世紀音樂文化史》，保羅‧享利‧朗格Paul Henry lang著，人民音樂出版社1982年版，第7頁。

⑭　《時空的回聲》第217頁。

⑮　《時空的回聲》第209頁。

⑯　《自我創作世界的解剖》見《時空的回聲》第217頁。

⑰　《西方十九世紀音樂文化史》，第4頁。

⑱　《西方十九世紀音樂文化史》，第6頁。

⑲　《現代人的悲劇精神與現代詩人》見《羅門論文集》，臺灣文史哲出版社1995年版，第64頁。

⑳　《時空的回聲》第215頁。

㉑　《羅門詩選》第11頁。

㉒　《時空的回聲》第218頁。

㉓　《時空的回聲》第219頁。

㉔　《時空的回聲》第209頁。

㉕　《中國現代文學大系——總序》，臺灣巨人出版社1974年版，序四。

㉖　《現代主義的名稱與性質》見《現代主義》，上海外語教育出版社1992年版，第75頁。

㉗　《現代主義在臺灣》見《戲後臺灣文學經驗》，呂正惠著，臺灣新地文學出版社1992版，第16頁。

㉘　《詩人之鏡》見《詩魔之歌》，洛夫著，花城出版社1990年版，第122頁。

㉙　《時空的回聲》第209頁。

㉚　《時空的回聲》第210-211頁。

㉛　《時空的回聲》第212頁。

㉜　加繆Allbert Camus《薛西弗斯的神話》見《存在主義》，W.考夫曼編著，商務印書館1987年版，第326頁。

㉝　《時空的回聲》第209頁。

㉞　《時空的回聲》第12-19頁。

㉟　《內在世界的燈柱》見《時空的回聲》第2頁。

㊱　《悲劇性的牆》見《時空的回聲》第8頁。

㊲ 《羅門論文集》第68頁。

㊳ 見《羅門論文集》第9頁。

㊴ 《羅門詩選》第14頁。

㊵ 《羅門詩選》第14-15頁。

㊶ 《羅門詩選》第15頁。

㊷ 《羅門詩選》第16-17頁。

㊸ 《追索的心靈》見《時空的回聲》第310頁。

㊹ 《時空的回聲》第331頁。

㊺ 《時空的回聲》第334頁。

㊻ 林耀德《山河天眼裡・世界法身中──羅門詩作中的自然》見《香港文學》雜誌1995年4月號。

第三章　詩心追蹤

　　羅門的詩歌創作視野開闊、題材廣泛，涉及到人類精神、情感以及生活的各個領域，其中有抒寫浪漫情懷的情愛詩，有展露現代悲劇中靈魂的歷險的時空詩，有悲天憫人的戰爭詩和鄉愁詩，有解構都市神話的都市詩，還有消融物我於浩翰宇宙中的自然詩。

一、情愛詩

　　與其它題材類型的詩相比，羅門筆下的情愛詩並不多，從五十年代的《加力布露斯》到九十年代近期的情愛詩作，就集中的所見到的，也不過十多首而已。但是，像不能小看情愛在人生中的意義，自然也不能輕看情愛詩之於詩人整體創作的意義。一九五四年，羅門發表的第一首處女詩作《加力布露斯》便是一首辭采精麗、聲韻優美雋永的愛情詩，

> 加力布露斯，
> 在靜靜的夜裡，我祝福你，
> 你流落到那裡去了呢？

像是對愛的呼籲，一開篇詩人便呼出了情感接受者———一個不知其出處卻婉轉合口的名字。然後是詩人私語一般的聲音，於一片靜謐中，懷著一絲失落一絲憂鬱追尋著、呼求著。一開始便奠定了整篇的基調，製造一個情感上的＂懸念＂。

　　久久的，我失去你的音訊，像失去了心中的戀歌
　　久久的，我等你從茫無邊的海上歸來。

以此，將情緒之線拉得悠長悠長，而且又以＂我＂——＂你＂的對稱，保持了情感的單純，防止了情感的外洩。之後，詩人使用各種譬喻：

　　可是在那熟悉的碼頭上，我只是飲風淋雨遙望，
　　我的心是較深夜末班車去後的月臺，更為淒冷了！

以及＂如果我不能再遇見你，／或者你回來時，我已雙眼閉上，／那時心會永遠死去，　／黑夜在白晝裡延長，／海洋也會久久地沉默，／你知道歲月之翼，不能長久帶領我，／在生命的冷冬，我將跌倒於無救之中，＂種種的假設似砝碼般加重愛的負載，使其愈來愈沉。再用種種的美，

　　每當晨輝閃耀，

　　我便聽見你奔騰的馬蹄聲，在清早的林野裡響動，

　　每當星月臨空，

　　我便看見你牽著馬在夜色迷戀的曠野上漫步歌唱。

附麗於女神般的“加力布露斯”，只能讓人感知她而無法
實在地觸摸到，因爲即使到了最後也是一個問號，

　　可是親愛的加力布露斯！

　　何時你方從春天裡回來!?

這裡面的愛像被擬人化似的，有名姓載體，可她的名字的
象徵意味實際上使愛被抽象、被普泛化了，而取得一種共
通性，能夠打動所有人的心，這正是詩人的高明之處。

　　《加力布露斯》可以猜測是致獻給日後成爲詩人妻子
的女詩人蓉子，因爲從其後不久的《蜜月旅行》與《曙光》
兩首詩中可以看出。

　　愛人的小嘴是粉紅色的小郵票，

　　我的心是密封著快活的情書。

　　　　　　　　　　　　　　——《蜜月旅行》

> 在夢裡，一支金箭射開黎明的院門，
> 你依在天庭的白榕樹下，
>
> ——《曙光——給蓉子》

愛雖已確有所指，但要使愛成爲一種能夠見證自我的力量，必須將愛的對象神化，把自我置於一純潔、高尚的位置上。可以看出，羅門愛情詩中充滿的是一種純潔、高貴、唯美的情感，以閃爍的意象，帶著色彩、動態和音調，通過象徵、委婉而不直白的方式表達出來。詩人情感生活是純潔的，美麗而浪漫的蓉子携著詩與愛來到他的身旁，她的名字也由此刻入以愛凝成的詩中，

> 歲月在鐘面上划著玲瓏的雙槳，
> 我的眼睛便永遠工作在你的眼睛裡
> 爲完成那種沒有距離的凝望
>
> ——《鳳凰鳥——送蓉子代表女作家訪韓》
>
> 把你每天用詩/釀造的白晝/泡好在那杯茶裡/將你每日用筆尖/裝訂的夜晚/堆滿在你沉思的燈下/一聲晚/一聲早/日月已伴我們/走了三十年
>
> ——《給“青鳥”——蓉子寫在結婚三十周年紀念的四月》

前者寫於六十年代，後者與《詩的歲月——給蓉子》寫於

八十年代。歷經歲月滄桑，愛變得更眞、更淳，即使在趨於平淡的日常生活情境中也不減其濃度。

除了眞純的愛情，作爲一個現代意義上的詩人，羅門也沒有回避“性”。如在《拉蒙娜》、《一個異邦女郎》等詩裡描摹了都市生活中無所不在的性的誘惑：

當一千道紅門在你眼中急轉/拉蒙娜　你的眸子是輪盤/人們死死盯住骰子/轉到最後靜止的點數
　　　　　　　　　　——《拉蒙娜》

再如《床上錄影》詩：

次晨/海灣裡靜得像從沒有船來過/那個海醒不過來

詩人呈示的是一幅“性”所帶來的沉寂、空虛的圖景，以測量性在愛中的份量，並以此區分在現代型的生存中，到底是誰在沉陷？羅門在其情愛詩中只是呈現，而在其都市詩裡才給予準確的答案和明確的是非判斷。

有趣的是，進入九十年代之後，羅門卻復歸向傳統的情愛觀，即將愛情從屬於婚姻。如《龍鳳相追隨》一詩：

爲家/你有不盡的柔情與溫順/爲國/你的絕美與賢淑/

　　渗入了感人的憂思

明白告示，女人的美德就是奉獻，爲了自己的丈夫或國家。
《婚禮進行曲》也相似：

　　爲愛情開一條黃金大道/鋪著紅毯
　　紅毯的後邊/是一部甜蜜的戀愛史

愛情回歸婚姻等於回歸了道德的規範，這些詩消解了羅門
早期情愛詩中的浪漫與優美的情愫，變得庸常凡俗，他不
但採取俗常的評斷，而且採用了俗常的語滙，這不能不讓
人感到惋惜。

二、時空／自然詩

　　“時空詩”是羅門自五十年代末至六十年代初幾年內
的探索與表現的對象，也是羅門進入“藍色火焰”時期，
即現代主義創作時期的標誌之一。其數量雖不多，但與他
其它題材類型的詩作相較，正如林耀德所講：“詩質與詩
想更具深度、厚度。”①使羅門進入臺灣詩界的“重量級”
詩人之列。面對紛繁蕪雜的外在世界，面對日漸盛起的存
在主義思潮，羅門自單純而美好的“曙光”中走出來，進
入“存在”的世界。他認爲：“任何藝術作品的生命，必

來自作者的內在世界……不斷偏入靈魂深處去進行探險，因感到‘苦悶’與‘沉痛’的壓迫而愈能強大”，人要直面“生存處境”，“它是精神活動的控制站，一個現代詩人內在思想往來的通行證勢必受檢驗於此，否則將被指控為現代精神文明的逃兵或隱世者。”②在《悼弗洛斯特》、《第九日的底流》、《死亡之塔》等詩中，詩人實踐了自己的信念。

　　現代生存形態一個最大的特徵，是“上帝死了”之後信仰的淪陷，它使現代人遺落於空茫之中：

　　　　神的假臂終究接不住聖瑪利亞手中的幼嬰
　　　　生命便如那忙亂的腳步聲
　　　　被遺忘在沒有記性的月台上
　　　　　　　　　　　——《死亡之塔》

人需要信仰，是因為人是有限的存在，而信仰卻能夠在人的精神與心靈中建造起無限的時空，並給予人以接近永恆的企盼。但不管採取何種信仰形式，到了現代，

　　　　而在你音色輝映的塔國裡
　　　　純淨的時間仍被鐘表的雙手捏住
　　　　　　　　　　　——《第九日的底流》

即使是"你"——貝多芬的音樂，也無力支撐起無限的時空了。詩人以象徵性的物象——鐘表作爲扼殺無限的敵人，它代表著一種人爲的、可切割的有限的時空。而時空的終點則意味著死亡，死亡也因此成爲羅門時空詩所探討的一個主題。在《死亡之塔》一詩中，詩人指斥道：

> 死亡！它就這樣成爲一切内容的封殼
> 　　　成爲吞吃上帝黑袍子的巨影

人不能不重視死亡，因爲它構成了"悲劇性的牆"的一面。"生與死、快樂與痛苦、愛與恨、希望與絕望、悲觀與樂觀、實有與虛無、永恒與短暫"③是這人生之"牆"的兩面，尋找生命與永恒需要它們"另一面"的反襯與指引。遵循著這一辯證邏輯，會出現另一種死亡觀：

> 鐘前的死亡貌似默想的田園

> 竟是一可觸及的溫婉之體
> 　　　　　——《第九日的底流》

詩人被困於因鐘表的切割而形成的有限時空中，因此，面對死亡去尋找其另一面——時空的無限與永恒。

　　在信仰、無限的時空與死亡之間所夾著的便是人的存
在，詩人由此出發向詩與藝術尋索信仰的靈光，

> 鑽石針劃出螺旋塔/所有的建築物都自目中離去/螺
> 旋塔升成天空的支柱
> 　　　　　　　　——《第九日的底流》
> 在產房與墳地之間
> 你的詩句已連成靈魂的鋼索
> 　　　　　　　　——《悼弗洛斯特》

在日見窘迫的現代時空下，詩人傾向於將藝術宗教化，使
它升華，以拯救靈魂，

> 而在你第九號莊穆的圓廳內/一切結構似光的模式
> 鐘的模式
>
> 你的聲音在第九日是聖瑪麗亞的眼睛
> 　　　　　　　　——《第九日的底流》

但人類靈魂深處的悲劇仍在運行，詩人也是抗衡不了的，
於是他將自我往死亡之境推進，去體驗最險惡的處境，

讓一種走動在鋸齒間探出血的屬性/讓一條河看到自己流不出去的樣子

　　　　　　　　　　——《第九日的底流》

在死亡的壓抑下，詩人於自我靈魂悲劇的盡頭，希望有了重生的氣息，

在明媚的無風季　航程睡在卷髮似的摺帆裡

　　　　　　　　　——《第九日的底流》

在抑制下　終又溫順如那條沿岸而下的河

　　　　　　　　　　——《死亡之塔》

這個希望就是順應、承受悲劇，經過悲劇之火的洗禮之後，獲得純淨的“自我”的再生，

以沒有語文的原始深情與山的默想

驅萬里車在無路的路上

　　　　　　　　　——《第九日的底流》

形成那輛無人駕駛的自由車/雲般不領牌照/風般不看路標

而什麼都不去想的想/是一更遠的遠方

　　　　　　　　　　——《死亡之塔》

我曾在臺灣發表的《悲劇與救拯——評〈第九日的底流〉》一文中這樣評價道："詩人所追尋到的東西，正同致力於思與詩融合的哲學家海德格爾不謀而合，……在旅途中，詩人還將碰見'無爲而爲之'的莊周，一同向著'絕聖棄智'的原本回歸"，"返歸到一種'前概念性'空間中去，這一切正是至純至美的詩與藝術所渴求的。"④

羅門的時空詩顯示了一位無畏的詩人心靈的走向，顯示了詩人的思想深度和創作力度，這類詩足以成爲中國現代詩史上的名篇，也成爲臺灣現代詩的經典之作。

自然詩在羅門創作世界中出現，透露出了詩人在莊禪美學的途徑上尋覓的信息。自然詩是將這一心境"翻譯"成"異質同構"的視境，以天地中自然萬物作材料，融進詩心，化入禪意。大自然作爲"第一自然"是羅門的偏愛，"一方面，他透過'第一自然'的景觀隱喻'第三自然'的龐碩心象，烘襯出詩人的生命情境；另一方面，他又藉靈視下的'第三自然'來規範'第一自然'的秩序，層層析理，將整個宇宙的永恒無限轉化爲人文性的心象。"⑤因此，羅門的自然詩可以說是一個現代人力圖從自然尋得慰藉的產物。如《山》詩中，

天空與原野已睡成大理石的斑斕/誰能醒你 除了眼睛在凝視中永不回來/除了那縷烟已被眼睛拉斷成繩

子/而去與不去　你都是永遠

《山》提供了現代生存已無力提供的永恒感與穩定感。在
《海》詩中：

那透明的空闊/已忘形成風/水平線是最後的一根弦/
用整座天空去碰也碰不出聲音來

"海"於寂靜與空曠之中潛含著一種自由。七十年代初，
羅門尚在使用"你"這種近距離的稱謂中頌贊著自然；而
到了中後期，詩人找到自我與自然的契合，迸出和諧之音，

我情悠悠　江水說不盡
我心遙遙　海天望無邊
　　　　　　——《雲》

詩人的情思與自然取得應和。在《觀海》一詩中，

其中最美最耐看的/到後來都不是風景/而是開在你
額上/那朵永不凋的空寂

那永不休止的澎拜/它便是鐘表的心/時空的心/也是

你的心

詩心的靈動與自然之"形而上"境界取得了和應。如詩人所言："一個現代作家除了追逐外在的變動，更應感到那穿越到'變動'之中去的莫名的恒動力，是來自宇宙與大自然整體生命的穩定的結構與本然的基礎之中。唯有如此才能使創作智慧產生一種含有'信仰性'的較深遠的嚮往與感動。"⑥但這一時期的自然詩中還摻有某些抽象和形而上的理念，尚未全然地進入東方的詩美境界，直至八十年代後，這一美學追求才臻於完善。在《日月的行蹤》詩集裡，

　　　　山在雲中走/雲在山裡游/你是山　也是云
　　　　　　　　　　　　　——《溪頭遊》
　　　　山看你是雲/雲看你是山
　　　　　　　　　　　　　——《日月的行蹤》
　　　　涉水時/雙腳是入海的江河
　　　　　　　　　　　　　——《海邊遊》

顯示出一種天人合一、物我澤融之境界，禪之意味也較濃郁。但在這類詩中仍可以從中發現落俗的東西、重覆的思維，這也可能是中國現代自然詩所擺不脫的傳統"影響的

焦慮"。

三、都市詩

　　"羅門以自我爲基點,一方面向內以挖掘心靈世界,另一方面則往外追蹤(反映或批判)客觀世界(事象、物象)的本象",⑦這後一側向便表現在羅門的都市詩、戰爭詩和鄉愁詩中。羅門以都市詩注目於現實社會,在都市化的快節奏生活形態中,在物欲橫流的異化現狀中,舉起其藝術的解剖刀。羅門的都市詩無論在數量上還是質量上都極其可觀,它爲詩人贏得了"都市詩國發言人"⑧的稱號。

　　羅門較早涉足於都市題材,五十年代的"曙光"期便有一首《城裡的人》:

　　　他們擠在城裡,/如擠在一隻開往珍珠港去的船上,/欲望是未納稅的私貨,良心是嚴正的關員。

詩已展示出詩人批判的鋒芒,儘管有直露之嫌。六十年代初那首架構複雜、意蘊豐富的《都市之死》則表現神聖的信仰在都市中淪落的命運,

　　　人們用紙幣選購歲月的容貌/在這裡　腳步是不載運

　　靈魂的/在這裡神父以聖經遮目睡去

　　速度控制著線路　神抓不到話筒

　　十字架便只好用來閃爍那半露的胸脯/那半露的胸脯
　　　裸如月光散步的方場

在都市的快速運轉、物欲與性的泛濫中，信仰淪陷了，《都市之死》便是信仰之死。而後是欲望之死：

　　沉船日　只有床與餐具是唯一的浮木/掙扎的手臂是
　　一串呼叫的鑰匙/喊著門　喊著打不開的死鎖

這是詩人發自心底清醒的判決，都市不過是"眩目的屍衣裡裹住一些趕時髦的死"（《周末事件》）。

　　六十年代中期以後，羅門的都市詩漸趨成熟，他在《夏威夷》、《紐約》、《都市的落幕式》、《迷你裙》、《露背裝》詩中，著重抓住了都市的兩大特徵：速度與欲望。前者是都市機械化、非人化的外部表徵；後者則是人的靈魂與道德墮落的內部徵象。詩人對準了都市病態的焦點：

> N.Y.你即使瞎成夜/也能看見計算機猛跑著的那條路
> /齒輪與腳將前面踩成/沿車窗而去的那陣風
> ——《紐約》
> 煞車咬住輪軸/街道是急性腸炎
> ——《都市的落幕式》

高速、快節奏的都市是人們新的生存空間，但機械理性使它變形，變爲醜陋與荒誕，甚至連語言也越來越快速地吞吐：

> 快快快/快入快車道/慢慢慢/慢入斑馬線/鑽鑽鑽/鑽
> 入地下道/爬爬爬/爬上行人橋
> ——《都市的旋律》

這種怪異的荒謬的“旋律”，也許只有在高節奏的都市生活中才能出現。對神與上帝的信仰也失落了：

> 他們躺下來的胸部起伏著浪/形成另一個海/使草裙
> 舞獲得狂熱的節奏/使花環飄起另一種信仰
> ——《夏威夷》。

飄起的另一種“信仰”是人的感官欲望。羅門用“迷你裙”、

用 "露背裝" 的意象將其突出：

裁紙刀般　刷一聲/將夜裁成兩半/一半剛被眼睛調成彩色版/另一半已印成愛鳳床單

　　　　　　——《迷你裙》

眼睛圍在那裡/大驚小怪的說/那是沒有欄干的天井/近不得

　　　　　　——《露背裝》

當靈魂被快速的生活節奏追趕得心力衰竭的情勢下，官能欲望在都市盛放出它魅人的 "戀之花"，這是羅門在都市詩中所描繪的都市的表象。

　　羅門的都市詩並不僅僅停留於表象的揭露，七十年代中後期，羅門的都市詩的觸角開始深入到都市的內部，揭示出都市割裂、宰制了 "第一自然" 之美的醜惡。在羅門詩論中， "第一自然" 代表著田園自然、詩意的東方及美好的過去，即一切素樸的事物，它與處在躁動與混亂的都市形成鮮明的對比：

鳥聲與泉音/叫森林越睡越沉//流行歌曲與輪聲/叫都市翻來覆去

　　　　　　——《2比2·20比20》

《曠野》詩則更令人嘆爲觀止，它標出了三個“曠野”：
“時間不在鐘表裡/天空不在鳥籠中”，這自由的時空屬羅
門所說的“第一自然”——自然的“曠野”；“高樓大廈
圍攏來/迫天空躲成天花板”，這壓抑的空間，屬“第二
自然”——都市的“曠野”“讓所有的槍與箭 埋在血堆
裡/長成各種盆景/美在歷史的台階上”，這是苦難的歷史
的“曠野”，它顯出羅門新的創意。因歷史按其“人爲性”
來說應屬於“第二自然”，但它從屬於時間的維度，它是
歷史主體，包含著詩人主體在時空間的維度上對“第一自
然”的滲入與改寫，包溶著詩人的歷史感與審美感。羅門
於詩中多展示了“第二自然”對“第一自然”破壞性的侵
占、瓜分與替代：

　　高樓與山同坐/街道與河同流/烟塵與雲同飄/鬧市與
　　海同蕩

　　風裡有各種旗的投影/雨裡有各種流彈的投影/河裡
　　有各種血的投影/湖裡有各種傷口的投影

詩人在指控都市的同時，也控訴了人類間濺著血與淚的殺
戮與敵對，詩人企求著“第三自然”的蒞臨，以提供獲救
的希望：

廟選中了山的清高/十字架對正了天堂的座標/你把
空茫磨亮成一面鏡/望著光開始流動的地方/泉水開
始湧現的地方/花開始開的地方/鳥開始飛的地方/讓
所有的路都能看見起點/所有的聲音歸入你的沉寂

這種拯救情懷體現在羅門那“形而上”意味濃厚的“第三
自然”與素樸的“第一自然”的聯合上。如果說“第二自
然”是對“第一自然”的疏離、破壞和替代的話，那麼“
第三自然”就是對“第一自然”的喚醒和還原，像螺旋式
曲線上升、回到“開始的地方”，回到萬物的“起點”。

　　在“三個自然”中，羅門在詩中為“人”找到了一個
中介的位置，

　　　一排燈/排好一排眼睛/一排杯子/排好一排嘴
　　　一排眼睛/排好一排月色/一排嘴/排我一排泉音
　　　　　　　　　──《咖啡廳》

他採取換喻式的修辭手法，在詩的對稱中使“人”成為“
第二自然”與“第一自然”的中介。把“人”放置在中間
的位置上，便可以從人方位的偏離程度去測量人生命的走
向，如《瘦美人》一詩：

　　她走動/一縷飄烟/把曠野幽美的臥姿/遠方溫婉的睡態/都先描了出來

將在都市裡作爲性的符號的女子與自然作比，反襯出人的異化。在《餐廳》詩中

　　要是田園已圓滿在盤裡/必有兩排牙在痛咬著/大地的乳房

則暗示人與都市在扼殺"第一自然"上的同謀關係，其視角的獨特正是詩人的"靈視"所在。

　　羅門的都市詩還有著另一視野。他用客觀冷靜的目光密切地觀察著下層民眾及其生活，展示出如張漢良所講的"人生切片"⑨。在《都市的五角亭》、《地攤》、《垃圾車與老李》這些詩中，描摹了"送早報者"、"擦鞋匠"、"拾荒者""擺地攤者"，以及垃圾工等這些城市的"衍生物"，他們與城市的關係正如《都市的五角亭》中所寫的："他死拉著都市不放，都市也死拉著他不放。"

　　背起拉屎的城/背起開花的墳地
　　　　　　　　　　——《拾荒者》
　　都市　從老李流動式的浴室中/走出來/容光煥發

——《垃圾車與老李》

在這種"黑色幽默"的詼諧中，詩人也對他們寄寓著同情與贊揚。還有一類"切片"則是描摹都市人的心靈，如在《流浪人》一詩中，

> 他用燈拴自己的影子在咖啡桌的旁邊/那是他隨身帶的一條動物

> 明天　當第一扇百葉窗/將太陽拉成一把梯子/他不知往上走還是往下走

以細緻入微的感覺體察對象，是詩的精彩之處，詩人維妙維肖地刻畫出一個落寞、孤獨的城市流浪者的形象。

　　八十年代以來，詩人與都市之間漸有了和解的趨向，就像《20世紀生存空間的調整》一詩中所寫："這樣僵下去/倒不如緩和下來"。而且都市的煩擾，"再吵再亂/只要咖啡匙/輕輕一調/便都解了"（《摩卡的世界》），詩人慢慢地習慣了都市的生活。但是羅門仍在《"麥當勞"的午餐時間》、《都市你要到那裡去》，以及《玻璃大廈的異化》等詩中，保持著他那一以貫之的對都市的批判精神，繼續著他"都市詩國的發言人"的發言。

四、戰爭／鄉愁詩

　　羅門的戰爭詩成就極高，確立了詩人於國際詩壇上的聲譽。雖然這類詩數量不多，但每一首都是精品。戰爭詩的創作動機與詩人童年、少年時的戰爭經歷分不開，羅門長大成人的歲月正是戰亂在中國大陸上綿延不絕之際，他說："滿地的血、血、血，以及眼淚，其時已近黃昏，天空也流動著血般的夕陽，加上遠近被炸後的陰鬱景象實在是太慘了！戰爭與死亡在我年幼直覺的心靈中，確已顯示且留下它可怖的形象。"⑩而這樣的形象一旦冒出來，形諸戰爭詩中，就產生了震憾人心的力量。如《麥堅利堡》一詩的開篇：

　　戰爭坐在這裡哭誰
　　它的笑聲　曾使七萬個靈魂陷落在比睡眠還深的地帶

麥堅利保是菲律賓馬尼拉郊區一墓園的名字，它埋葬著第二次世界大戰中太平洋地區犧牲的七萬名美軍士兵。詩人懷著無法言說的悲憫去叩問夾於偉大與死亡之間的"戰爭"，像詩的題詞——"超過偉大的／是人類對偉大已感到茫然"所提的，對戰爭的叩問也便是對人類的質同，詩人於"茫

然＂之中感悟到人類精神中存在著對戰爭既否定、又肯定
的悖謬，

> 史密斯　威廉斯　烟花節光榮伸不出手來接你們回
> 家
> 你們的名字運回故鄉　比入冬的海水還冷
> 在死亡的喧噪裡　你們的無救　上帝的手呢

屬於人類精神的崇高與偉大的一面，其本身存在著一連串
的問號，《麥堅利堡》實則就是從戰爭的現象與本質，向
人類精神提出發問。對於這種悖謬與矛盾，羅門說：＂戰
爭是人類生命與文化數千年來所面對的一個含有偉大悲劇
性的主題。在戰爭中，人類往往必須以一隻手去握住勝利、
光榮‘偉大’與‘神聖’，以另一隻手去握住滿掌的血，
這確是使上帝既無法編導也不忍心去看的一幕悲劇。可是
爲了自由、眞理、正義與生存，人類往往不能不去勇敢地
接受戰爭＂。⑪羅門指出了偉大、神聖和血、死亡之間存
在著對立而又統一的悖謬，這種戰爭觀念接近於黑格爾的
悲劇觀：＂衝突對立的任何一方，就其自身來說，都有著
合理的、正當的一面，但它在追尋實現的過程，卻又有片
面性與過錯＂。但羅門＂從未像斯賓格勒一類極端人本主
義者那樣，放棄了對理想之美的終極目的追尋；但他又與

教條、僵滯的古典主義信徒不同，他不像他們一樣，有意地回避、背對人類生存的陰暗、慘痛的一面。"⑫

　　如果說《麥堅利堡》揭示的是人類精神時空裡存在的悖論與分裂，那麼《板門店·三八度線》則將戰爭帶來的現實時空裡人間的分裂呈示出來：

　　　難道那張小小的會議桌/會有兩個半球那麼重/坐著
　　　兩排戰車/兩排炮/兩排槍/兩排刺刀

以極富象徵性的意象把冷戰的對峙刻畫出來，而這對峙下面則深蘊著血與淚，

　　　會議桌上的那條線/既不是小孩子跳過來跳過去的那
　　　根繩子/便是堵住傷口的一把刀/拔掉　血往外面流/
　　　不拔掉　血在裡面流

　　在現代中國有限的時空裡，戰爭與鄉愁的距離實在是太近了，有的則構成前因後果的關係。在《火車牌錶的幻影》一詩中，寫出了戰爭與鄉愁的這種內在關聯。詩人先是從一塊跟隨自己三十年的"火車牌手錶"中看到了戰爭的過去：

横屍滿野/錶面是透明的墳/連歲月死去的苦臉/都可看見

然後再回頭映照此刻的自己：

三十年/錶換了　心不換/鞋換了　路仍在走

這過去與現在之間深深埋藏的便是詩人的鄉愁：

這與炮彈要一切分開/若能構成聯想/則所有的車輪　都是離家的腳 /所有的車窗　都是離家的眼睛/所有的表面　都是離家的臉

正是戰爭帶來了分離，帶來了慘痛的鄉愁與綿綿不盡的故鄉回憶，這是背井離鄉羈留於臺灣島的一代人慘痛的記憶。

　　鄉愁詩同都市詩一樣，是詩人一以貫之堅持下去的題材類型，它映證著詩人的內心深處不滅的鄉愁。《曙光》集中收有了兩首緬懷童年記憶中故鄉的《海鎮之戀》、《三桅船之戀》，或許童年總是美好的，詩的格調比較高，發散著光芒和美，但仍有一絲憂鬱和失落：

我童時被戰爭割斷了的幸福之泉，/如今已無法流回它那裡！

> ——《海鎮之戀》

詩人衷愛的妻子——女詩人蓉子，在她的《鄉愁》詩中也寫道："啊，鄉愁就是童年，是記憶也是歷史"·。鄉愁作為時間上的範疇被展現，詩人憑著記憶的閃現與歷史的追溯去捕追它。不僅如此，詩人還在《遙望故鄉》、《遙指大陸》等詩中，以心的距離去勘測、量度鄉愁的長度與濃度：

> 我們來不及的/駛著雙目的兩輪車/從望遠鏡的甬道裡/急急回去
>
> > ——《遙望故鄉》
>
> 他指的/是炮彈走過的路/血淚走過的路/他指的/是千里的遙望/孫子看不懂的鄉愁
>
> > ——《遙指大陸》

鄉愁在這裡幻變成在共時性的空間上鋪展開來的"遙望"。

除時間上延展與空間上鋪展開來的鄉愁之外，《悠然見南山》詩還寫出詩人的另一種鄉愁：

> 我的眼睛是從很遠走來的一條路/從運童話的紙船/

到運炮火的艦艇/到運天空的雲

即生命的存在也能喚起一種鄉愁，這是一種終極性的“愁思”。當然羅門也不會忘卻與親情溶爲一體的鄉愁，如《月思》一詩：

你走後　誰也沒有告訴我/你的臉與你給我壓歲的銀圓/仍一直寄存在月裡

這與李白的“抬頭望明月，低頭思故鄉”有著同樣的詩情和心境，在月色中感觸到母親的溫情，樸素感人。詩人除了抒發自我的鄉愁外，還借他人的形象抒寫鄉愁。像《賣花盆的老人》一詩：

他坐在盆外/他也是一只空了三十多年的/老花盆/直望著家鄉的花與土

詩人改換了觀察與思維的角度，暗示造成這時空交錯狀態的正是鄉愁。

　　論說羅門的鄉愁詩，絕不能撇開他在八十年代創作的《時空奏鳴曲──遙望廣九鐵路》，它可稱爲詩人所有鄉愁詩的總結。其中，詩人讓我們再次看到了“賣花盆的老

人":

　　在建築物龐大的陰影下/他坐來大榕樹下的童年

將再次看到"三八度線",

　　這條線/從板門店/繞東西德走廊/來到這裡/較雲去的
　　地方遠/卻比腳與泥土近

這條戰爭對峙的分割線實質上就是引發鄉愁之引線,亦全
球性"鄉愁"的源點,這是冷戰帶來的人類悲劇性的沉痛。
這"較雲去的地方遠/卻比腳與泥土近"的東西,就是人類
靈魂中永不得化解的"鄉愁"。這首詩的傑出與感人之所
在,是詩人將種種鄉愁統合為對故國家園的思戀,塑成一
種新的鄉愁──文化鄉愁:

　　祖國　你仍是放在地球上/最大的那張安樂椅/只要
　　歲月坐進來/打開唐宋詩詞/沒有槍聲來吵/世界便遠
　　到/山色有無中

它綿長、遼闊、跨越時空,甚至超越血緣上的維繫,延伸
到文化的血緣。這種深度性"鄉愁"又不脫離個人性的懷

想：

　　是誰丟這條線/在地上/沿著它/母親　你握縫衣針的
　　手呢/還有我斷落在風箏裡的童年

滙合成詩人心靈的交響與回旋，令人愴然淚下。

　　臺灣現代詩人中，余光中將鄉愁化作悠長的旋律，瘂
弦則以其家鄉的方言與情節編織他的鄉愁，而洛夫是在歷
史文化的穿越中再造鄉愁。羅門的特點則是以實物來爲他
的鄉愁"塑像"，使鄉愁凝固成形；是以人物來製作他鄉
愁的畫像，使鄉愁得到感性呈示；尤其是他給鄉愁納入了
戰爭的維度，更使其"鄉愁"具有深沉、凝重的詩性之美。

【附　註】

① 　林耀德《世界的心靈彰顯》見《門羅天下》，臺灣文史哲出
　　版社1991版，第57頁。
② 　《羅門論文集》第63頁。
③ 　《羅門論文集》第249頁。
④ 　《從詩中走來——論羅門蓉子》第226頁。
⑤ 　林耀德《山河天眼裡，世界法身中——羅門詩作中的自然》。
⑥ 　《羅門詩選》第261頁。
⑦ 　《曠野精神》見《詩的詮釋》，李瑞騰著，臺灣時報文化出

版社1982年，第312頁。

⑧　陳煌語，見《門羅天下》第219頁。

⑨　《羅門天下》第25頁。

⑩　《時空的回聲》第324頁。

⑪　《人類存在的四大困境》見《羅門論文集》第263頁。

⑫　俞兆平《歷史的悖論　悲劇的超升——〈麥堅利堡〉論》，
　　見《門羅天下》第511-512頁。

第四章　詩藝評介

　　羅門不僅是一位詩人，他還作爲一位詩學理論家，享譽於臺灣詩壇。他的詩學理論最重要的貢獻是“第三自然螺旋型架構”體系的構建。另外，從詩本體的角度著眼，羅門詩歌的語言、結構形式等方面都有其獨特之處；而多元的藝術趣味，廣泛地涉獵、借鑑各種藝術門類的表現技巧，也使羅門的詩藝產生不同凡響的魅力。

一、“第三自然螺旋型架構”理論與“創作之輪”

　　在前述第二章中，筆者已對這一理論作了初步介紹，指出詩人在“第三自然螺旋塔”中重樹起一種動態的、向著永無止境的方向旋升的新的信仰。這是“第三自然螺旋型架構”理論（簡稱爲“第三自然”理論）的一個方面；另一方面，通過“第三自然”理論，詩人標明了自己的詩學立場。

　　按羅門自己的表述，“第一自然”是“諸如日月星辰、江河大海、森林曠野、風雨雲霧、花樹鳥獸以及春夏秋冬等交錯成的田園與山水型的大自然景象”；“第二自然”是“在那有電器設備的冬暖夏冷、夜如晝的密封型巨廈內……再加上人為的日新複雜的現實生活環境與社會形態；使我們清楚地體認到另一存在的層面與樣相"。①前者強調自然，而後者強調人為，一個是自然化的空間存在，一個是物質化、技術化與社會化的空間存在。但二者都是實在的空間現實，這是俱一致之處。在此基礎上，"第三自然便是詩人與藝術家掙脫第一與第二自然的有限境界與種種障礙，而探索到的更為龐大與無限壯闊的自然——它使第一與第二自然獲得超越，並轉化入純然與深遠的存在之境"，②顯然，"第三自然"是虛擬的，與前兩個"自然"不同，它存在於詩人與藝術家的心靈之中，是一種心靈的美的境界，它通過對前二自然的"超越"與"轉化"而獲得。

　　在自然觀上，東西方存在著鮮明的分野，西方的自然觀偏重於二元對立，像歌德便提出："藝術家對自然有著雙重關係：他既是自然的主宰，又是自然的奴隸，他是自然的奴隸，因為他必須用人世間的材料進行工作，才能使人理解；同時他又是自然的主宰，因為他使這人世間的材料服從他的較高意旨，並且為較高意旨服務"。③不是"主宰"，就是"奴隸"，一方強勢地壓倒另一方，一方受制於另一方，要麼控制自然，要麼被自然所控制，談不上均衡，更難說融合。而在東方的觀念中，自然是神聖的，"天道自然"，自然中蘊藏著宇宙的規律，而人不過是自然的一分子，人要追求與自然的融合，以達到"天人合一"
的境界。深得東西方文化精髓的羅門十分清楚其二者的利
端與弊端，他把東方形諸爲一只"圓"，他說："在圓的
空間觀感中，給人雖有圓融、包容、和諧、安定與澤圓等
正面感覺，但難免也給人以保守、知足、閉關，缺乏突破、
攻勢、創新與主動不斷求變的精神等負面感覺；加上又是
單面（平面非立體）的圓，則難免失去創作世界中的深厚
度"。同時，他把西方文化歸爲一個"三角"，"在三角
形的頂點上，要求突破、進步、創新、不斷的存在與變化
等堅持'絕對性的精神趨向'上，形成一股值得重視的生
命動力，然而也因此難免帶來某些對抗性、失衡、否定、
冷漠、緊張、焦慮甚至含有悲劇性的存在情景"。④羅門
以形象生動的方式界說了東西方文化的差異以及各自的利
弊。由此，他汲取、融滙了兩種文化的優點，建構了"第
三自然"理論體系。另一方面，作爲東方之子，"我深深
地體驗與發現到詩中所展現的美感經驗與心靈境界，顯然
是與古代詩人同中有異的。同是彼此均企圖由詩中進入與
自然相渾和存在的靈悟狀態；異是古代詩人進去，是從不
受現代文明影響下的'第一自然（田園）'，直接進去的；
而我身爲現代詩人必須經由'第一自然'穿越由科技製作
的'第二自然（都市）'過後，再轉進去的"⑤即從東方
的詩境中去尋覓詩美創造的靈動的源頭。由此可看到，羅

門的"第三自然"理論涉及了眾多的對立體：東方—西方、
"第一自然"—"第二自然"、古代—現代、圓—三角、
田園—都市，它縱橫於人類的文化時空，從歷時性與共時
性的雙向空間織就恢宏的"螺旋型架構"：

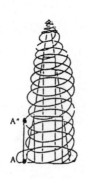

它以圓型做底、做基礎，而後向上旋升；同時，它又以一
種三角的態勢向上運動，尋找頂點、尋找峰巔，從而使圓
與三角，亦即東方與西方的文化精神化為一體。這種"第
三自然螺旋型架構"成為詩與藝術審美創造的運動形態，
成為羅門詩論的核心。

　　如果說"第三自然螺旋型架構"是羅門詩歌美學的理
論基點的話，那麼"創作之輪"則是他詩美創造的具體的、
實踐性的理論總結與升華。按羅門的表述，"創作之輪"
圖示如下：

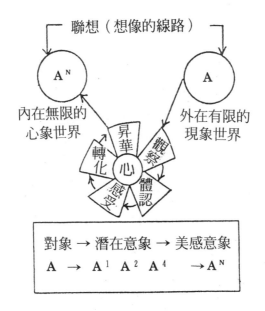

"從'觀察'到'體認'到'感受'到'轉化'到'升華'，已是詩人與藝術家在創作時，心靈活動的全部過程"。這個創作過程是"將現實中有限的對象A"以聯想力，引入同步多元性的潛在意象A^1、A^2、A^3→予以交融，而獲得A^n的更為富足與無限的美感意象，它便是一件作品內在生命的完成，也是在作品中創造了一個具有新的形態與內容（超乎對象A）的更為美滿的生命"⑥同時，"創作之輪"對詩人與藝術家也提出了要求：第一，"深入的

觀察力",即是能夠見他人所未見的靈視(Poetic Vision);第二,"深入的體認力",即是擁有強大的心靈的歸化能力,"聽見生命發出嘶喊的聲音";第三,"強大的感受力",即是"能把強大的的反應力,引到作品中,產生強大的震憾力";第四,"卓越的轉化力",即是利用藝術的對象化"轉變與發揮爲更理想與美好的光景"。⑦第五,"卓越的升華力",即是能把藝術的境界提升到—永恒、無限、不朽的境地。這五種能力在羅門的"創作之輪"中不斷漸進、深化,同時又循環往復,而在此過程中完成了向上的旋轉,逐步塑形爲一立體的架構。而動態的超越與升華則是"創作之輪"與"第三自然螺旋型架構"相銜接之處,其二者的結合構成了羅門關於詩美觀念的核心部分:"在我看來詩與藝術絕非第一層面現實的複寫;而是將之透過聯想力,導入內心潛在的經驗世界,予以交感、提升與轉化爲內心的第二層面的現實,使其獲得更富足的內涵,而存在於更龐大且完美與永恒的生命結構與形態之中,也就是存在於內心無限的'第三自然'之中"。⑧"創作之輪"與"第三自然螺旋型架構"的銜接,也就是形而下的創作實踐與形而上的詩美境界的銜接,兩者以有機、動勢的結合形態,即通過"創作之輪"的具體運動,樹起了作爲詩與藝術信仰的"螺旋塔"。

測試一種理論的現實可行性,就是要把其設計的原理與其實在的操在的操作效果相聯繫，要在原理與操作之間考察其相互通達的環節，以及由操作向原理升華的可能性。羅門"第三自然"理論是能夠符合這一要求的，因為"創作之輪"切實地保證了"第三自然"終極境界的實現。因此，"第三自然"理論是可行的。不止於此，"第三自然"通過"創作之輪"完成創作上的超越，它還完成了文化上的超越。它兼容東西文化，揚利棄弊，從而超越了人類的文化時空。按羅門的觀念，"第三自然"的"螺旋型架構"能夠成為人類精神與心靈運作的模型，是詩與藝術創作的模型，是信仰的模型，也是文明與文化進步的模型。從形而下，到形而上，可謂是多位一體。因而，"第三自然"理論可以稱得上是宏大的構想，它提供了一個有多重適用性的、動態的、充滿生機與活力的創造性模型。

二、詩藝特色

靈視。　臺灣著名學者張漢良先生說："羅門是臺灣少數具有靈視（Poetic Vision）的詩人之一"。⑨那麼何謂"靈視"？按照羅門自己的話來說，便是"對一切存在的深見"，是"敏銳的第二視力"，"必須具有哲思性的想像力"，"它就是以心眼所看到的思想中的思想世界"。⑩可以將其翻譯成藝術的第六感官——藝術直覺。但與一般的藝術直覺不同的是，"靈視"帶有較濃郁哲思與知性，

"在知性的思考（著重於靈目的視覺性，與感性的抒情（著重於靈耳的聽覺性）這兩者之間，現代詩為對準與進入這代人心勢活動的趨向，自較偏傾於靈視的認知性"。⑪它是以詩與藝術的創造穿透存在與現實中的魔障和幻象的能力。羅門在他的詩中顯示了非凡的"靈視"力，《拉蒙娜》一詩：

> 當一千道紅門在你眼中急轉
> 拉蒙娜　你的眸子是輪盤
> 人們死死盯住骰子
> 　　轉到最後靜止的點數

都市生活節奏的快速與冒險、刺激性以及女人淪為欲望追逐的目標等，均由"靈視"集聚於一意象層面，它剖開了都市花花綠綠靡爛的內臟。《流浪人》中，一個"用燈拴住自己的影子在咖啡桌的旁邊／那是他隨身帶的一條動物／除了它　娜娜近得比什麼都遠"的"流浪人"經歷過容易遺忘的晚上之後，

> 明天　當第一扇百葉窗
> 　　將太陽拉成一把梯子
> 他不知往上走　還是往下走

陽光透過百葉窗化成梯子，無形中脅迫著"流浪人"，呈示出存的尷尬，也呈示出"流浪人"的心靈傷痕，這是非"靈視"而不能爲的。在另一首由詩人親自加注的詩《傘》中，其"靈視"力更令人嘆爲觀止，

他靠著公寓的窗口/看雨中的傘/走成一 ┐—— "現實的"
個個/孤獨的世界/想起一大群人/每天 │—— "記憶的"
從人潮滾滾的/公車與地下道/裹住自己
躲回家/把門關上 ┘

忽然間/公寓由所有的住屋/全都往雨 ┐—— "超現實的"
裡跑/直喊自己/也是傘 ┘

他愕然站住/把自己緊緊握成傘把/而只 ┐—— "憚悟的"
有天空是傘/雨在傘裡落/傘外無雨 ┘

將"現實中的實視空間"、"記憶中的實視空間"、"超現實中的實現空間"與"禪悟中的實視空間"⑫全部貫通、聯絡而密密縫合起來，視境在一步步地張開闊大，心境同時也漸漸開闊，整體詩境推進的起承轉折全部在"靈視"中生發。"靈視"作爲詩人的視力的本意，有著神奇的魔力，是一個真正乃至偉大的詩人絕不可缺少的。羅門非凡

的"靈視"能力使其詩歌有了銳利的穿透性,能夠於靈動中飛升,達至美的極致。

　　比喻。　在詩歌的修辭手段上,羅門較少使用比喻,這是他的詩走向現代的一個標志。因爲"比喻體的形象和意義兩造原是各自獨立、相互割裂的,只是由於主體創作時的需求,才以主體尋索到的類似點,於外在地聯繫起來;喻體對於喻本來說,只是偶然相聯的裝飾而已"。⑬比喻中喻本與喻體的關係,未能和象徵一樣,與詩旨合溶一體、相互應證。超越比喻,羅門發現了更有生命聯繫的修辭手段,即象徵和寓言。在其長詩《第九日的底流》、《死亡之塔》中,羅門創造出了綿密的象徵體。與象徵接近的修辭形式——寓言,多滲入了歷史的叙事性,這表現在羅門的《都市之死》、《板門店三八度線》、《賣花盆的老人》等都市詩、戰爭詩、鄉愁詩中,詩中每一幅場景俱成爲現代生存境況的寓言,言之所及,意猶未竟。當然,作爲詩歌最古老的修辭手段的比喻是不能被輕易全盤拋棄的,羅門也使用過,但那是經過變形之後的比喻。如,

　　　　再往前走　是那死在霧裡的廢墟
　　　　　　荒凉如次晨她那張
　　　　　　被脂粉遺棄的臉
　　　　　　　　——《都市的五角亭——歌女》

這是一個反常規的倒置比喻，將本體與喻體相倒置，喻本爲“被脂粉遺棄的臉”，它成爲被比喻的“死在霧裡的廢墟”的喻體，錯置造成跌宕、迷幻效果，與詩的整體意象氛圍取得一致。比喻向氛圍靠攏，便趨近於比喻的象徵化，在《都市的五角亭——拾荒者》中：

爲嗅到亮處的一小片藍空
他的鼻孔是兩條地下排水道

比喻與詩的氛圍渾融一體，兩個意象俱能復活，形成互相稱喻、互取形象的形態，詩中物象有了生命感，獲得生命的質感與躍動。比喻本爲旁襯、添加而使用的，而這詩節在比喻的使用上，喻本即喻體，喻體即喻本，詩境益加奇詭、躍動。

　　“直接投射”。　　羅門的詩還成功地運用了一種簡潔直接的詩藝傳達手法，即“直接投射”。“這種掙脫意象束縛的投射表現，當然是本自詩人那直接精確的透視力，能一舉便擊中一切內在最隱蔽、最深廣與最眞純的部分”。⑭使用“直接投射”法，詩人對於現實的事物，是冷靜的、旁觀的，但它卻又是客觀的、眞實的，

史密斯　威廉斯　烟花節光榮伸不出手來接你

們回家／你們的名字運回故鄉　比入冬的海水還冷／
在死亡的喧噪裡　你們的無救　上帝的手呢／血已
把偉大的紀念沖先了出來／戰爭都哭了　偉大它爲
什麼不笑

————《麥堅利堡》

恰如羅門自己所說的"詩中看不出任何固定形式的技巧，
也沒有一個形容詞，便那麼狠狠地進入生命與時空的心臟
裡去，而引起顫動"。⑮ "直接投射"多是以直白的方式，
引著詩人去追問下去，如《時空的奏鳴曲——遙望廣九鐵
路》中，

是誰丟這條線／在地上／沿著它／母親　你握縫衣針
的手呢／還有我斷落在風箏裡的童年／母親　如果這
條線／已縫好土地的傷口／我早坐上剛開出的那班車
／沿著你額上痛苦的紋路／回到沒有槍聲的日子／去
看你

詩人對廣九鐵路線的"叩問"，震懾人心。它不需要詩人
去說明蘊於詩中的情感內涵，讀者自會以切身感覺的方式
產生共鳴和反響。"直接投射"在羅門的都市詩中經常使
用，爲詩章憑添了一份冷靜、客觀的色調。如《"麥當勞"

午餐時間》，

> 三兩個中年人／坐在疲累裡／手裡的刀叉／慢慢張開
> 成筷子的雙腳／走回三十六年前鎮上的小館

都市生活的疲憊與枯竭的心靈相構合，著字不多，意蘊盡
顯，直接射穿了都市的帷幕，曝呈出眞相。

　　反諷。　　值得一提的是，羅門依憑自己的"第三自然
螺旋型架構"理論還"發明"出一種修辭手段來，他是通
過"第一自然"與"第二自然"的並列的錯置與對比，運
用意象反襯的技巧，顯示出都市以及都市現代人荒謬的生
存境況。如

> 高樓與山同坐／街道與河同流／烟塵與雲同飄／鬧市
> 與海同蕩
> 　　　　　　　——《曠野》
> 早安　被薪水越洗越老的臉們／在時鐘的磨上／留下
> 一條條斑痕
> 　　　　　　　——《鳥的雕刻》

以共時性的田園景物與都市以及都市人所組成的景象作爲

對比，展現出巨大反差間的兩極，及田園與都市在現代的空間隔離。也許這種"第三自然"式的意象反襯，意在揭示分裂與荒誕，帶著嘲諷意味，有時在對比之中，偶而也會發出別開生面的詩章，可謂神來之筆。在詩《2比2‧20比20》中，

> 樹上的花　是窗
> 樹上的果　是窗帘放下的窗
>
> 屋房的窗　是花
> 房屋放下窗帘的窗　是甜蜜的果子

此節應算是第一、第二自然之間的對比與融合，其奇崛與機巧可與卞之琳先生的名篇《風景》相媲美。"第三自然"既是詩人的理論主張和美學立場，同時也化作可操作的創作手段。

　　形式結構。　　羅門詩歌在形式結構上也有著自己的特色。羅門在臺灣詩壇大概是較早的幾個放棄標點符號的詩人之一。從五十年代後期，即出版《曙光》集之後，羅門的詩呈示出如洪水決堤般的詩情放任的狀態。而像路牌、路標一樣指明思路的走向、組合成內在邏輯結構的連接詞和標點符號等均被棄之不用或少用。壓低連接詞的使用頻

率，打亂思路的明確指向，通過層層意象的覆蓋以設置種種解讀之障，這是承繼了現代派的超現實主義"自動寫作"一脈的走向。詩人說"我寫長詩《死亡之塔》時，我確實不能預料這首詩，將如何發展下去，我雖相信，過去生命的潛在經驗以及面對著這已觸及，與等待我去觸及的一切對象，都將助長我的聯想去展開這一未定限的創作世界的，但我究竟將以多少段落的詩來構成它？我不能預定，我也不須去預定。因為我的構想是希求不斷從直覺中喚醒一切有形與無形的生存景象，使之經過我內在的判視與選擇以及特殊的給予，而獲致那形異質同的作用力，順著《死亡之塔》特殊的精神企向進入，成為一組一組的連續的投入，交響成那透過詩而發出的'死亡'的顫慄的回響……很明顯的，我是採取'列車式'的結構。讓一個一個可獨立的'車廂（詩章）'，連入同一個'車頭'與'車輪'所活動的動向中，成同向的呼應與進發"。⑯這種由仔細選擇之後的"車廂"式的形式結構，延續在羅門其後的創作歷程中，它自由隨意卻散而不亂，既使詩情暢通無阻地流動，又可約束住整體的節奏，避免讀者閱讀時的疲累。這也正是羅門在詩歌創作中詩情澎湃、長盛不衰的原因之一。同時"車廂"式結構的"同向"與"同位"，將意象並置，正適合詩人都市詩、戰爭詩、時空詩、自然詩這些有宏大場面和廣大涵括面的題材的表現。

節奏韻律。 羅門的詩歌作為中國白話、自由詩與西方現代詩的延繼，在節奏與韻律上，自然打破了古典式詩行的對仗、押韻的束縛，注重於內在詩情的貫通。在古典詩詞中，詩的韻律如同神的呼吸，使詩行中的詞句獲得生命。在現代的詩境中，這一有意地被規避、被視為陳腐的節奏與韻律，如果出現在現代詩中，便成為反諷，讓人感覺荒誕可笑。如《都市的旋律》中，

> 一滴香水　一池春
> 一个眼波　滿海浪
> 蕩蕩蕩

不但對仗，而且合韻，在人們如同螻蟻般忙碌不堪的都市中，跳蕩著極快的節奏，

> 快快快/快入快車道/慢慢慢/慢入斑馬線/鑽鑽鑽/鑽
> 入地下道/爬爬爬/爬上行人橋

對仗、押韻等踩踏的是都市才會有的機械的節奏。對仗、節奏與韻律，在羅門詩中竟起到了反諷的作用，扮演了可笑的角色，這是詩人獨到的創造。與打破詩歌外在的形式結構的束縛一樣，羅門對節奏、韻律的創意也是在應合著

詩美自由的召喚，消除有意爲之的"雜音"，而使讀者聽見詩人眞情的展露，發見詩人寓含的眞意。

三、旁類藝術的啓示

在羅門的詩學理論叙述中，詩與藝術總是聯綴在一起。羅門的住宅中有一間由他創意與創造的"燈屋"，他"利用視覺藝術的繪畫性、雕塑性與建築性的三種合能，來經營一個具體且含有詩質的現代裝置藝術的美感空間架構"。⑰羅門把詩意的東西納入各藝術門類中；反之，在詩的創作中，羅門也借鑑了其它藝術門類的表現手段和技法。詩與藝術是相通的，"不同的藝術之間實在具有某種共同的聯繫，某種互相認同的質素"。⑱

羅門的含有它類藝術影子最著名的詩是《第九日的底流》，詩中出現了"九"的結構，即由整飾的九個詩章構成，以此來與貝多芬的《第九交響曲》中之"九"相呼應。詩人向來稱呼樂聖——貝多芬爲其"心靈的管家"，在這首長詩中採用比較神秘的"九"的結構，也許就是爲了追求靈魂的暗合，從"貝九"中汲取生命的力量。

較大規模地吸收借鑑它類藝術表現手段方法的，是在《曠野》一詩中。詩人"企圖使用立體派多層面的組合觀點以及採取半抽象、抽象與超現實的技巧，及電影中有電影（就在詩中溶入一首可息息相關又可獨立的詩）的手法，而使詩境內部在施以藝術性的設造過程中，獲得較具大規模與立體感的結構形態，有如大都市建築，所呈現層疊聳立的造型美與展示出多層面的景觀"。⑲如其所言，詩中採取了西方現代主義繪畫中立體派與超現實主義畫派那種"意象並置"方式，例如

> 風裡有各種旗的投影/雨裡有各種流彈的投影/河裡有各種血的投影/湖裡有各種傷口的投影/山峰有各種墳的投影/樹林有各種鐵絲網的投影/峭壁有各種圍牆的投影

"風"與"旗"、"雨"與"流彈"、"河"與"血"、"湖"與"傷口"、"山峰"與"墳"、"樹林"與"鐵絲網"等的同量並列產生了立體派的多視角、多視點的效果，也有著超現實主義繪畫表現的觸目驚心和震撼感。同時，其句式的同質劃一，猶如模塊壘積，而因此有了雕塑感。前一章在對《曠野》作意念分析時所離析出來的"四種曠野"在詩中，也以四個章節並列起來，各自獨立又相互呼應，這正是詩人所採用的"電影中有電影"的結構模式。各種藝術手段的吸收、借鑑因而造出了《曠野》磅礴的氣勢。

中國古代詩歌有圖像詩的傳統，但大都是一種遊戲的

心態所爲。本世紀上半葉，也有西方現代派阿波利奈爾式的圖像詩，充滿著神秘感。羅門在詩的創作中，也借鑑了前二者的技藝，使他的詩如繪畫一樣，帶有某種程度上的視覺認知性。如《鞋》

```
            雲
遠          只
方鞋        是
也也        那
是是路的名定能不永條
```

這是利用了臺灣習用的詩歌豎排方式，而創造出的一條平直的“路”，兩側詩行的高聳則顯示出視覺上“路”的重要性，使意念通過視覺得到強調。還如《海》

```
        那
        已透
        忘明
        形的
        成空
弦根一的後最是線平水闊
```

水平的意象置放直接凸顯了詩所刻意追求的境界，使天空、大海顯得更爲闊大、悠遠，引人暇思。後來羅門將《海》改成了其創作生涯中最短的一首詩，

　　天地線是宇宙最後的一根弦

詩名是它，詩體也是它。具象在羅門手中成爲一種宏闊境界顯示的手段，這也是他詩藝創造的獨特之處。

　　羅門有一首"第一次發表在國家的土地上"的詩，即《花之手》，它是爲"配合雕塑家何恒雄《花之手》作品碑刻入臺北市新生公園"。⑳詩中，羅門將連翩的想像與雕塑的具像極好地融合起來，

　　以花之手/推開天空與大地/先放雲與鳥進來/讓世界無限的遼闊出去　/再以花之手/雕塑晨曦晚霞與星夜/描繪綠樹碧野與青山

可稱之爲詩與雕塑的絕配。如果雕塑僅僅是一靜態的形，那麼這首詩便是它呼之欲出的精氣，龐德說過："有一種詩，讀來彷彿是一張畫或一件雕塑正欲發聲爲語言"。㉑《花之手》正是這種詩，它借雕塑賦得形體，雕塑借它求得生命的氣韻。

《曠野》詩中，羅門還只是具體借鑑一電影的結構模式，而到了創作《時空奏鳴曲》一詩時，羅門就進入了電影藝術的核心，他特別採用蒙太奇（Montage）的敘述模式，通過場景的串接而構成一首詩。下面引用其第二詩章《望了三十多年》中每一詩節的頭幾行來看，

　　那個賣花盆老人/仍在街口望著老家的花與土

　　一輛日本進口的野狼牌機車/以武士刀尖銳的速度/從和平東路直刺入/和平西路

　　當藍歌兒將整條街/藍過來/一群人走進禮拜堂去看聖母/一群人湧進百貨公司/去看歲日

　　滿街汽笛/響來鳥聲和口哨/他好想飛想跳

　　坐到天黑/他行動不便的雙腿/才交給那只洗腳盆

詩人似乎用鏡頭對準了"那個賣花盆的老人"和他所處身的街市，那個老人便是他片中的主角，演出著一場懷鄉的戲，鏡頭不斷由場景提供的契機而閃回到老人的過去，以回憶的形式表達出來。這種時空的交錯是羅門通過詩、通

過文字的"蒙太奇"，出色地表現了出來。

　　羅門曾經說過：做爲一個詩人，藝術家，"應該以開放的心靈，去吸收世界上美好的一切，同時要有溶化與轉化一切的能力；能將所有已出現的藝術主義與流派以及'古、今、中、外'等時空狀況，均視爲材料"。㉒由上可見，羅門在藝術實踐上是眞正地做到這一點的。

四、語言的駕馭

　　語言是組成詩歌最基本的元素，等於畫家手上的顏料、音樂家面對的音符。總結一位詩人的成就，對其詩作語言的考察、測試，是極其重要的方面。

　　羅門對詩歌語言有著極高的要求，他對照西方美術大師的藝術境界而確立了他的查驗詩歌語言五個質點：畢卡索的"空間掃描"與"立體表現"，雕塑大師加克美蒂的"壓縮、凝聚與冷斂美"；抽象畫大師康定斯基的"律動美"；雕塑大師布朗庫斯的"單純美"；雕塑大師康利摩爾的"圓渾感（或飽和感）"。㉓這是他的詩的語言理想、畢生的詩的語言追求。但是在具體的創作過程中，"由於人類不斷生存在發展的過程中，官感與心感的活動，不能不順著這一秒的現代感往下一秒的現代感移動，而有新的變化。這便自然地調度語言的感應性能到其適當的工作位置，呈現新態。否則便難免產生陳舊與疏離感"。㉔從那

首《迷你裙》"裁紙刀般　刷的一聲/將夜裁成兩半/一半
剛被眼睛調成彩色版/另一半已印成愛鳳床單"，可以看出
詩人爲了適應現代都市生活的刺激、震驚的狀況，而努力
從語言的節奏上去調整，使其表現凝聚、冷斂、律動，以
和都市節奏保持同步。

　　羅門的詩語言還追求一個「新」字，對語言有著高度
的自覺，將語言作爲詩藝創造的突破口，強調語言的"現
代感"，"使詩語言更具行動化且快速地擊中現代人心感
世界的著火點"。㉕因而，他的詩走出自我、唯美的《曙
光集》之後，轉而表現現代生存狀態，其詩的語言的質感
開始粗糙起來，較少錘煉，往往是順手自市井言談中拈來。
這是另一種語言的策略，更符合對詩中所顯現的現代性生
活混亂狀況的揭示，因爲口語化與它的語境──現代時空，
二者是共生的，但如海藻般繁殖、浮生的口頭語往往缺乏
沉潛。對此，羅門說："雖然站在詩表現的眞摯性方面，
我同意運用純粹的生活口語入詩，但我深知這是一種更不
易的實驗，因爲這種運用，如果只能涉及一切的現象面，
而不能根入其內在的無限的深境，則它不但失去升華力，
而且消喊甚至消滅詩的美學上的距離，使詩本身超越性的
生存機能失去"。㉖這就是說，要在現代都市化的場景中
加入形而上或者信仰性的內容。爲了達到詩人理想中的"
瞬間的永恒"，他經常運用終結性的動詞與語氣助詞，製

造一種永劫不復的氣氛，在都市的上空添加神性的色彩，將詩往絕對、終極處推進。故羅門詩句中"來"與"去"這樣的詞綴總是很多的，它們時刻表明著一種不安、騷動和緊張，與此下的"存在"疏離開來。這或許從反向可以暗示：詩人與環境總是無法達成妥協的。

"口語化"與"行動化"合之即成爲詩的"戲劇化"，它造成一種跌宕、一種意念上的落差，它會突然地在生存面上撕開一個縫隙，敞露出時代的眞相。但是"口語化"與"行動化"反過來也暗示著一種意象的衰落，在快速轉動的漩渦中，意象是無法固定現形的。意象衰敗凋落是一場極大的危機，"錢多斯的悲觀主義在列舉的一系列東西上可以看到，這些東西在想像的荒漠中仍在他身上激發出對於永恒的偶然和瞬間的想象：一只水罐，一個丟棄在田間的耙，陽光下的一條狗，一片骯髒破爛的教堂墓地，一個殘疾老人，一座農舍。所有這些密碼都暗示著疲倦、荒蕪、衰朽和淒楚；所有這一切似乎都是失去了的統一性的殘餘物，而不是未來統一性的暗示。艾略特、葉芝、里爾克的作品同樣表現出對恢復語言活力的可能性所抱的悲觀感，對殘留的一切不過是幾個孤立、任意的象徵意識"。[27]西方現代主義在衰朽敗落，這是一種潛在的趨勢，恰在此時開始接受西方現代詩歌美學思潮的羅門，在詩中也有了接近於概念化的孤殘意象。其實，這也是這一代臺灣詩人所面臨的共同困境的表現。

　　爲了尋找新的激情，臺灣現代詩壇在七十年代掀起了
"回歸古典"的浪潮，羅門雖不是處於"鳳眼"，但也受
到其影響，這主要表現於他的自然詩創作之中。在那個"
回歸"的路途中，羅門懷揣著夢想，懷揣著東方詩境，卻
是帶著現代主義時期零散化的語言參予的。這類詩的語言
愈來愈少其沉潛性，僅憑一個偶然的契機而鑄成詩篇，似
乎是缺乏錘煉和思考地脫口而出，

　　　　車急馳/打開的車窗　是白色的琴鍵/關上的車窗
　　　是黑色的琴鍵

　　　　　　　　　　　　——《車上》

　　　山在雲中走/雲在山裡游/你是山　也是雲

　　　　　　　　　　　　——《溪頭游》

　　　車跑上高速公路/將都市脫掉/我們走出車門/海跑過
　　　來/將我們脫掉

　　　　　　　　　　　　——《海邊游》

語言形成了一個僵化的套路，詩情萌發的偶然性增多，如
上面《溪頭游》、《海邊游》、《車上》等詩作，美的詩
句、閃光的詩眼處在動盪的詞滙包圍中。這些詩過於即興、
過於快速，缺少進一步的揣摩和釀造，無法在每一個瞬間

用詩凝定詩人所欲表現的對象。

　　羅門的語言運用純任激情導引，常呼嘯而出，缺乏細密的推敲，從而零散、斷裂的現象。討論羅門詩歌語言與時代心境的關係是十分必要的。他在浪漫主義時期的語言充滿了內在的活力，全力於抒發情懷，愛的力量征服了一切而隔絕時代於外。在現代主義時期，其個人化的詩語，面對著蜂湧而來的現代性的刺激和擠迫，目不暇接，語言被時代拉長扯斷而發生斷裂，現代性的分裂直接表現於語言之中。在回歸自然的創作後期，詩人意圖恢復詩的純淨、恢復古典詩境那化萬物為一的“天人合一”狀態，恢復古典美的氣派與內質，但因其語言拘留於現代性太久，分裂的語言難於再凝成一個渾圓的整體。對此，只能說羅門為了一種意念上終極的追求，而犧牲了語言的美感。他是一個確確實實的詩與藝術的殉道者。

【附　註】

① 　《“第三自然螺旋型架構”的創作理論》見《羅門論文集》第113頁。

② 　《羅門論文集》第114頁。

③ 　《歌德談話錄》見《西方文化論選》，北京大學出版社1985年版，第452頁。

④ 　《羅門論文集》第122-123頁。

⑤　《詩的追蹤》，見《羅門論文集》第200頁。

⑥　《打開我創作世界的五扇門》見《羅門論文集》第23頁。

⑦　《羅門論文集》第23-25頁。

⑧　《羅門論文集》第116頁。

⑨　《現代詩導讀》，臺灣故鄉出版社1980年，第130頁。

⑩　《羅門論文集》第23頁。

⑪　《時空的回聲》第312頁。

⑫　《羅門詩選》第19-20頁。

⑬　《詩美解悟》第210頁。

⑭　《時空的回聲》第310頁。

⑮　《時空的回聲》第311頁。

⑯　《時空的回聲》第321頁。

⑰　《燈屋　生活影像》，羅門編著，臺灣文史哲出版社1995年版，第2頁。

⑱　龐德語，見《中國詩學》第146頁。

⑲　《羅門詩選》第7頁。

⑳　《羅門詩選》第313頁。

㉑　《中國詩學》第146頁。

㉒　《燈屋　生活影像》第3頁。

㉓　《羅門論文集》第27-29頁。

㉔　《羅門詩選》第5頁。

㉕　《羅門詩選》第8頁。

㉖　《時空的回聲》第339頁。

㉗　理查德・謝帕德《語言的危機》見《現代主義》第297頁。

註文內引詩出自：《羅門詩選》　臺灣洪範書店1984年版

　　　　　　　　　　《整個世界停止呼吸在起跑線上》　羅門著　臺
灣光復書局1988年版

　　　　　　　　　　《誰能買下這條天地線》　羅門著　臺灣文史哲
出版社1993年版

第五章　結　論

　　在臺灣衆多現代詩人中，羅門大概是唯一始終與時代保持同步的詩人，這一過程達半個世紀之久。而這二十世紀後五十年恰是人類歷史變動最爲劇烈的時期，詩人以敏銳的、穿透性的目光，保持著高度警惕，秉持超越性的姿態，領先或同步於時代，避免爲工業化的社會、商品經濟的交換邏輯及機械理性等所物化或異化，以致陷落於時代逆流中，他將樂觀與自信——作爲人最寶貴的姿態保持下來。在這樣一個信仰危機、價值紊亂的時代氛圍中，羅門努力地確立新的人文精神指向和“形而上”的精神嚮往，盯住變動著的一切，在變動中尋找著永恒的美。因而羅門的詩呈現出另一種的美，那是力度的美、陽剛的美、信仰的美，高雅虔誠而絕少平庸。但是，羅門的意義還需要不斷地追加下去，因爲詩人的創作與神性的追求仍未止歇。

1998年5月20日結稿

附　錄

附錄

悲劇與救拯

——評〈第九日的底流〉

張艾弓

　　詩人羅門的〈第九日的底流〉是一首關於藝術——救拯、時空——悲劇、死亡——悲劇的長詩，它的發表距今已三十六年。在這三十六年後的今天，大家對藝術的地位和價值仍是搖擺不定；儘管人類的觸角都伸到了星際空間，可是時空對人類的鎖閉依然故我；死亡也同樣在展示著它恐怖與親和的兩副面孔，人類未得成功地逃離時空的圍困和死亡的陰影，〈第九日的底流〉卻成功了：詩與藝術那面神聖的大旗，三十六年來始終飄蕩在最高處，衝出時空的層層合圍和死亡的威逼而呈現在這三十六年後的視野中，依舊動人、憾人、感人。

　　自然，〈第九日的底流〉這種擺脫時空和死亡的追擊的成功是悲劇性的，同其內裡所發出的悲劇之呼告、苦痛之哀號一樣。在詩中，那微妙、矛盾的情緒與形而上的意念融滙成一股不斷演進的詩情：由明朗、樂觀、自得到生的空茫與混亂，再到個人性的苦痛、挣扎和絕望，直到飄向死亡那陰暗而迷離的天地線，一束靈光的綻現……一波三折、起伏跌宕。可見在那一列列詩行下面不知深藏著多少思想的珍寶！這裡所要做的也只能是一次發掘而已，因為你自己也並未跳出這個漩渦、這支底流，反過來說，對〈第九日的底流〉的挖掘同時也是對自己的一次「打撈」。

〈第九日的底流〉展示了非凡的跨度：從古典到現代，從類到個體，從生到死。不同的視角就可以發現不同的線索，為了方便起見，本文擬打下四椿界碑：螺旋塔；鐘錶；鏡房；死亡。從以上這四個主題意象為結點來繪出一幅關於「第九日的底流」的流程。

一、螺旋塔

螺旋塔是羅門詩歌中的原型意象，是羅門詩學理論——「第三自然螺旋型構架」的具體呈現。「第三自然」起自於「第一自然」（指山川田園一類的生態自然）和「第二自然」（指以都市為代表的人造自然）並超越二者的藝術存在方式和運思方式，是通過對「第一自然」和「第二自然」在內心中的不斷盤桓、超升而構建形成螺旋塔。故螺旋塔即「第三自然」，即藝術。雖然〈第九日的底流〉發表於羅門「第三自然螺旋型構架」理論成形之先，但詩中「螺旋塔」的意蘊已與後來的這個理論相暗合，這點林燿德先生在其遺著《羅門論》中〈360層疊空間〉一文已給予溯源式的論證。

螺旋塔象徵著藝術，在本詩中又有了具體的指向，即象徵貝多芬（Beethoven）的《第九交響樂》。貝多芬的音樂既是古典精神的最高峰，又是古典精神的終結，同黑格爾（Georg Wilbelm Fridrich Hegel）的哲學一樣有著承前啓後的地位。而貝多芬將席勒（Johannven Schiller）的《歡樂頌》作爲合唱納入《第九交響樂》中則更把整個人類精神、力量推到登峰造極的地步，以全人類的意志力和激情向著命運、向著一切人類悲劇撞擊，傳達出不屈的抗爭精神，顯示著人類對自我力量的自信與樂觀。至今，每逢國際性大型活動，《歡樂頌》這一主題曲總要被奏響、被頌唱。

除了這種顫慄性的美，還有什麼能到永恆那裏去。
（引文）

《第九交響樂》在詩中被唱響，唱出了一個充滿光明與快樂的完美世界：那裡有「迴旋的春日」，有「一林一林的泉聲」，還有「笑」。隨著唱片在唱機裡旋轉。

鑽石針劃出螺旋塔／所有的建築物都自目中離去／

螺旋塔昇成天空的支柱（第一節）

螺旋塔在不斷地旋升中凸現在詩人的視野裡，超越人類在生活的世界和精神的原野上建起的一切建築物，而升成天空的支柱——詩人終極的價值信仰。詩人賦予這座螺旋塔以最純粹、最美的意象：

> 高遠以無限的藍引領／渾圓與單純忙於美的造型（
> 第一節）

以及「靜」、「透明」和「暖」。詩人躺在螺旋塔那春日「三月的晴空」下踏實、快樂、沉醉而安靜：

> 你是馳車／我是路／我是路／你是被路追住不放的
> 遠方
> 日子笑如拉卡／我便在你聲音的感光片上／成爲那
> 種可見廻響（序曲）
> 醉入那深沉／我便睡成底流（第一節）

乘上這支「第九日的底流」，踏上了藝術天國的朝聖之路，詩人眞的要往永恒那裡去了！詩人在表白這份對貝多芬音樂讚美詩般的感恩心情時，選用的是單稱人稱代詞「我」，在「我」與「你」的頻繁出現中顯示出一種親密無間的關係，而將第三者排除。顯然，第三者——「他者」（other）的缺失，與貝多芬音樂作爲古典人類精神之集大成者的身份不相匹配，尤其對《第九交響樂》而言，它所讚頌的是作爲全稱人稱代詞的「我們」——人類，是「我們」的溶合、「我們」的偉大力量和「我們」至高無上的尊嚴。詩人將這個「我們」打開個缺口而單單倒出了個「我」，剩下的便成爲「他者」而隱去，這在暗示著：「我們」——人類的整體已經異化，詩人的一只腳蹩進現代，另一只腳卻還停留在古典。詩人的情思此刻已含蘊著存在的抗性，雖然詩章的調子還得明朗、和暖。

　　不祥之兆同時籠罩在螺旋塔上空。貝多芬一生在同各式各樣的命運——身份上的、生理上的——作鬥爭，對抗命運的歧視、限制和不公，他因而要通過音樂來召喚一種偉大的精神力量對抗一切苦難與阻力，企盼建造起眞正賜福於人類的天國。

> 來吧，我們要建造一座城和一座塔，塔頂通天，爲要傳揚我們的名，免得我們分散在全體上。（《舊約全書・創世紀11.4》）

這座塔是屬於「我們」的塔，能夠將「我們」的力量召集在一起，打通我們自己的天國之路，要它成爲「天空的支柱」，而把其他一切假托的、誆瞞的神或上帝統統清除。螺旋塔即是這樣一座巴別塔（Tower of Babel），羅門在後來的論文中曾經給予表述：

> 我們站在「第三自然螺旋型」架構上，可以說：「詩人與藝術家創造了人類心靈的另一個令人嚮往的永恆世界，同上帝永恆的天國，門當戶對」。（〈「第三自然螺旋型」的創作理念〉，見《羅門論文集》頁143，文史哲出版社 1995 年四月版）

這種想法確是夠感人的，《歡樂頌》一奏起，不分膚色、種族、國籍、貧富的人們會感動得將淚水流在一塊兒的，儘管戰爭還在進行，種族歧視還在繼續、剝削和壓榨依然如故。悲劇照舊是悲劇，徹頭徹尾，巴別塔尚未造成，上帝之指那麼輕輕一拈，人類就離散了。而巴別在希伯萊文中正是離散之意。

悲劇即將啓幕，讓我們接下來看——

二、鐘　錶

> 而在你音色輝映的塔國裏／純淨的時間仍被鐘錶的雙手捏住（第一節）

還在詩中那最爲光明的詩節裡，不祥的預兆已如閃電般向純美無比的螺旋塔擊來，鐘錶——時間伸出人類難以抗衡的雙手。時空也是羅門詩及詩論圍繞的主題之一，尤其是現代異化的時空受到了羅門的格外關注，因爲

> 人到底不是神，人畢竟是不堪受時空一擊的軟弱之物。（〈現代人的悲劇精神與現代詩人〉，見《羅門論文集》頁49。）

而鐘錶全然是時空在現代的代理、化身。

　　在貝多芬時代，古典時空觀以康德（Immanuel Kant）爲代表。康德認爲時間與空間概念源自於人的先天認識能力，屬於人的感性直觀認識形式，肇始於人，如空間就是產生於人與世界的距離感應，即是自我與外界間的那道裂口，顯示出自我先在的優越性。康德的時空是人類自我自由穿行的時空，而現代的時空對於人來說則是徹底地異化。現代心理學的先驅者——帕格森（Henri Bargson）把時間分爲兩類：一是能夠感悟到生命在其中流淌的時間，可以跨越歷史和現在而無止境地延伸下去，具有永恒性的意義；另一是人爲通過儀器計量的時間，有著機械的可循環性，是斷裂的也是乏味的。在現代，其悲劇就表現在計量的時間不斷地侵吞、蠶食生命的時間。鐘錶尖利的指針把渾然

一體的生命流程割劃得一條一條來組裝成人的囚籠。

　　　眼睛被蒼茫射傷／日子仍廻轉成鐘的圓臉（第三節）

一方面是「鐘的圓臉」把人們圍在此在、當下和有限的高牆裡羈押起來，一方面是生命被遺棄在愈來愈遙無可及的遠方「蒼茫」處。現代人逃不脫「鐘錶的雙手」所壘起的囚室，也爬不出「鐘的圓臉」滙成的漩渦，靈魂被上緊了發條，再也回不到生命的寧靜和舒展。而空間則是作爲擠兌生命的幫兇出現，協同計量的時間作案，爲鐘錶的統治擴張地盤。現代的人類實是無處可逃。

　　　身體湧進禮拜日去換上一件淨衣／爲了以後六天再
　　　會弄髒它（第二節）

鐘錶揮舞著人類牲畜般的驅趕，一切依照鐘錶的日期、時刻爲標準，人們的生活日益程式化、平板化，生命的意義，生活的旨趣全給鐘錶沒收。
　　面對著鐘錶的飛揚跋扈，人類要如何抵禦呢？人類是否還有足夠的積存來抵消鐘錶的不斷侵擾？

　　　林園仍用枝葉描繪著季節／在暗冬／聖誕紅是舉向

天國的火把／人們在一張小卡片上將好的神話保存
／那輛遭雪夜追擊的獵車／終於碰碎鎮上的燈光／
遇見安息日（第三節）

漆黑、寒冷的冬夜，一支「舉向天國的火把」、「一張小
的卡片」，將天國之途照徹，把人類的神話延續下去。在
「聖誕紅」的日子，人類或許能把自己的聲音傳到上帝那
裡去。這輛「遭雪夜追擊的獵車」，終於在無路可走的絕
途看到鎮上的燈光，遇見安息日。在二十世紀即將終結的
現在，回頭審視一下這個世紀，那將是怎樣的一個境況啊！
人類的苦難層層淤積，自古迄今的兩次世界大戰都擠在這
個相對人類歷史而言僅是短暫的百年間，人類陷入了其最
深重的絕望之中。而且，據統計世界現所貯存的核子武器
可以將人類及地球毀滅上百次，這些人類自己造出來毀滅
自己的核子怪物仍靜靜地躺在武庫裡，不曾瞑目。羅門這
於三十六年前的詩篇至今仍讓人顫慄不已。

　　人類的貧困、可憐之態已顯而易見，人類可資救助的
資源已貧乏，人類神話只需一張象徵性的小卡片便可記滿、
在神話破滅的世紀，人們四散而去，帶著重創和絕望，詛
咒神話的蒙騙。共同的神話、共同的信仰、共同的上帝已
逐漸消亡，人類轉入更深一輪的悲劇——空茫、焦慮——
之中。

> 在昨天與明日的兩扇門向兩邊拉開之際／空闊裏，
> 沒有手臂不急於種種觸及／現在仍以它插花似的姿
> 容去更換人們的激賞／而不斷的失落也加高了死亡
> 之屋（第四節）

拋離了神話，人類沒了歷史；拋離了信仰，人類也將失去
未來。人類被遺棄在過去與未來之間空蕩蕩的門檻上，在
一無所有的「空闊裏」想抓住某個支撐物，可又能抓撈住
什麼呢？沒了過去和未來。

> **許多焦慮的頭低垂在時間的斷柱上**（第七節）

現代的時間殘缺不全，人們哪裡也去不了，徒自焦慮。伏
在那「時間的斷柱上」，只餘下了「現在」，也就只好在
「現在」頭上做文章，靠著實利的衝動，拿出媚俗的勁頭，
活在有一切可就是沒有自我的畸形生存狀態中，苦熬生命。
　　對於悲劇，詩人靠著敏銳的知覺和預感往往先行一步。
當人類向著空茫、絕望處墜落、趨滑時，詩人寄寓在藝術
的螺旋塔裡安穩而自得。上個世紀末，現代的悲劇初露臉
目，王爾德（Oscar Wilde）便吹響「為藝術而藝術」的
號角，迅速地將現代詩人與藝術家納召到這藝術的神殿下，
確立新的宗教，即藝術。藝術本身即是終極的存在，終極

的信仰。在本詩中，詩人也是從對藝術的宗教般膜拜起始的，螺旋塔即是藝術的聖殿。可是在詩中藝術的宗教化卻有一個顯明的演化趨勢：人類的悲劇愈沉痛，藝術宗教化的氛圍便愈濃烈。全詩是由引文、「序曲」和九個十四行的詩節構成，在第一至第四這四節詩中，形成了螺旋塔與鐘錶雙方意象上的對抗，以二者所占據的詩行作爲計量單位，具體如下：螺旋塔——鐘錶／13——1（第一節）／12——2（第二節）／7——7（第三節）／4——10（第四節）。明顯鐘錶的勢在不斷地強（1→2→7→10），而螺旋塔力量卻在不斷地穿越抗衡（13→12→7→4），實表明詩的悲劇濃度在持續地升高。再從詩的具體意象上看，藝術的拯救在不斷向宗教的拯救靠近，即螺旋塔意象逐漸在同宗教意象重合。

　　螺旋塔昇成天空的支柱（第一節）
　　而在你第九號莊穆的圓廳內／一切結構似光的模式／鐘的模式（第二節）
　　在你形如教堂的第九號裏（第三節）
　　你的聲音在第九日是聖瑪麗亞的眼睛（第四節）

「天空的支柱」是已將螺旋塔——藝術置於獨一無二、至高無上的地位，而「光的模式／鐘的模式」則只有在宗教中會產生此靈異的感受，與宗教在漸趨靠攏。及第三節，「教堂」二字便給明點出來，到第四節藝術達到了宗教的精髓處──「聖瑪麗亞的眼睛」。一切都在暗示詩人不斷傾向宗教的心境；藝術只有向宗教靠攏才有可能施得救拯，這點與黑格爾的哲學取得吻合。

三、鏡　房

現代人類悲劇已不再是於一種外力的脅迫與敵視下所暴露出的族類力量的衰弱，或趨於共同的毀滅的危險，相反，人類的力量異常地強大，憑依著工業技術文明把自然牢牢地踩在腳下。如果說人類的悲劇仍是外力驅遣的結果的話，人類力量還會有可能重新凝結起來去與敵對的外力相抗衡的。可是現代的悲劇悲就悲在人類的集合力量與精神已鬆散、崩潰，危機與苦難不再由全體人類來擔負，而是由一個個個體來承擔，現代悲劇其根本就是個體的悲劇。

> 人是一隻迷失於荒林中的瘦鳥／沒有綠色來確認那是一棵樹／困於迷離的鏡房（第五節）

潰不成軍的人類只剩下一個個「迷失於荒林中」的孤獨的個體，沒有指向、信仰來給人以「確認」，而失足於自己為自己掏掘的深井──「鏡房」之中。鏡房是羅門詩及詩論的原型意象與主題，是對心靈與靈魂的喻稱，此處的「鏡房」即是此意。鏡房的出現喻示著現代悲劇的發生地不再是原始部落的祭祀台、不再是浮屍遍野的戰場，也不再是一灘灘殷紅的血淚，而就是鏡房：

> 終日受光與暗絞刑／身體急轉／像浪聲在旋風中／片刻正對／便如在太陽反射的急潮上碑立／於靜與動的兩葉封殼之間／人是被釘在時間之書裏的死蝴蝶／禁黑暗的激流與整冬的蒼白於體內／使鏡房成爲光的墳地／色的死牢（第五節）

在靈魂中，「光與暗」、「靜與動」、「黑暗的激流與整冬的蒼白」塑成一面有裂紋的鏡，砌成一座由靈魂風乾的「碑」，壘就一堵悲劇性的「牆」。

> 數千年來，人類用盡心血，想對付這道悲劇性的「牆」，企圖從其相對立的兩個存在面，找出絕對優勢的一面，去壓倒另一面，可是都白費心機了。因爲世界上那裡有單面的「牆」，我們仍能想見它那被壓住的那一面，除非它被擊碎了（人類全死了）。這就是「牆」存在的定態與宿命的悲劇性，它必須背負起存在的兩面，「人」也一樣。（《悲劇性的牆》，

見《羅門論文集》頁249）

人類被圈進這面「牆」中，一面是生，一面是死。牆的兩面經過現代人靈魂的「鏡面」又折射出無數對的二元糾纏，個體的痛苦便起自於此雙重對立間的撕扯。時空的壓迫、生死的分裂：生與死；自我與本我；自我與世界。對於時空的擠壓，企圖尋找整合一體的人類力量來對抗已是不可能。個體的有限力量是如何也支撐不起的，鏡房終被壓變了形、擠裂了口。靈魂——鏡房，受著兩相反力量的脅迫，就像吊在「絞刑」架上，就像被「釘」入埋葬自我的「墳地」、羈押自我的「死牢」，成為一只失去氣息和活力的「死蝴蝶」。此刻，靈魂的苦痛之深實是無以言表。

　　一種刀尖也達不到的劇痛常起自不見血的損傷（第七節）

「刀尖也達不到」且「不見血」的創傷是難於療治和撫摩的內傷，是靈魂深處的傷。

　　輾陷於悲劇中的個體伸出求救的雙手，發出哀痛的呼告。〈第九日的底流〉究其根本也就是一種深沈的呼告，呼告拯救自我。在人類都同聲哀哭的巨響中，哪裡還有救拯自外而入將手遞上？上帝、人類的自信及其整合的力量俱已軟弱、散去，獨把人人受挫的個體留在地上，怎麼可能獲救？

此刻／你必須逃離那些交錯的投影／去賣掉整個工作的上午與下午／然後把頭埋在餐盤裡去認出你的神（第五節）

人們不願再思考、也不願再等待。因不堪忍受時空的虐待，個體們思謀著「逃離」，把折磨自己的時間全部「賣掉」，用一種強加的機械式的肉體折磨來擺脫靈魂對自我的盤查和拷問、以及鏡房裡光線交錯下的絞殺。把鏡房的入口堵得死死，不讓一絲光線游入而引來「交錯的投影」，其實就是自虐；以一種有意施加的痛苦來躲避和遮蓋來自鏡房深處的痛苦。二十世紀正是一個自虐的世紀，也因此是一個遺忘的世紀，而這個以後現代冠名的世紀末則更像一巨型海濱娛樂場，全體人類都擠在裡面洗浴記憶，在圖像、音響、塞滿文字的紙張和各式各樣商品消費品的海洋裡，大家都願意穿得很少，讓欲望盡情展露和發洩，不再害羞，無所顧忌，一同狂歡。自虐與狂歡成爲現代人麻痹悲劇性痛感的兩條極端途徑。

　　狂歡有兩種：一種是個體的，通過個人的放縱與墮落把本能的聲音調到最高檔，壓過鏡房的呼聲；另一是集體

的狂歡，個體把全部自我無償地上繳給一個集體的幻念，
陶醉於其中，而把自我的審視和靈視、責任和使命拋得遠
遠。集體的狂歡是最古老的一種人類借以消散悲劇的途徑，
接近於宗教活動，個體與集體消融一體而在個體中產生一
種分有得集體性偉力的幻覺，從而戰勝恐懼。但是，狂歡
往往沒有好結果，是變形的逃避。

　　而在那一剎間的廻響裏／另一隻手已觸及永恆的前
　額（第五節）

個體的放縱對自我的逃避永遠有一個極限，作為自我局限
的另一端是永恆與崇高，它們一同形成鏡面的左右鑲邊，
而自我便於此兩極間來回地趨動。現代的混亂把此在的放
縱與靈魂的永恆性追求二者之間的距離拉扯得越來越大，
但此在和永恆、墮落和崇高屬相對概念，需彼此依賴、相
互印證。所以說，放縱的個體根本不可能把審視的鏡房甩
掉，在當下此在的不期然中會在街上、酒館裡或工作間中
撞上永恆。大概陀思妥耶夫斯基（Fyodor Mikhal Lovich
Dostoevsky）就是在賭場的牌桌旁才急切地渴望永恆、渴
望上帝那張拯救的手掌，然後由上帝將他領回到藝術，贖
回永恆。對於集體性的狂歡，尼采（Friedrich Nietzhe）
早在《悲劇的誕生》一書中就指出它是人類富於悲劇性的

行動。六十年代中期興起的全球性反叛運動是距離我們最近的一次人類性的狂歡，可給我們留下的是什麼呢？微弱的影迹和一片廢墟，那個時代具有代表性的文化戰將及近八十年代都一個一個地去了，因爲人類的八十年代不再厚待他們，把他們遺忘、丟棄，或瘋掉（指阿爾都塞 Luis Althusser）、或患上狂歡的後遺症——愛滋病（指富柯 Michel Foucault）、或死於車禍（指羅蘭‧巴特 Roland Bathes）。八十年代是又有了新的狂歡節，如果說六十年代是打破禁忌的文化的狂歡的話，由七十年代末至今的這場後現代的狂歡就是沉迷於消費與影像的欲望的狂歡，人們被消費欲望和傳媒的聲像所鼓動著，同時也被控制著。這將是一場怎樣的悲劇呵！是人被機器在耍？

　　詩人此時也進入了沉思，把「我」消融在濃重的現代悲劇氛圍之中，他再也沒有先前對人類的悲劇時的那種自得與自信了。當靈魂——鏡房轉成悲劇的現場之後，悲劇的濃度和苦味便益發沉重起來。在詩行的第五節，螺旋塔的救拯意象同鏡房的悲劇意象的比重轉爲1：12，與第一節的比例恰好翻了個個兒，螺旋塔化作「另一隻手」，只能在那「一刹間」突然鑽出來，藝術亮出一道光。詩人由站立在一旁觀看轉而跳進了鏡房的悲劇之中，與悲劇融在了一起。進入鏡房——靈魂的深處，便觸摸到了現代悲劇最最敏感的神經。

現代的悲劇是個體的悲劇，現代的救拯實質上就是自救。企圖帶著救世主的面孔把全人類從悲劇深淵的邊緣拉回來，只能是空想。冠在人類名號下的博愛、自由、和平在現代的辭典裡似已成冷僻的字眼，喪失了它們在古典時代的那種偉大的歸化力量。如何救贖？詩人回轉至自身，去和鏡房裡的那個敵手對視、較量。

四、死 亡

〈第九日的底流〉在不斷向下沉潛著，在一個節奏愈來愈快、鐘錶的雙手不斷地擴張地盤的世界上，充滿著躁動和不安。如何回歸寧靜、讓生命在寧靜潔白的幕上顯出清晰的影來，成爲詩面臨的最大問題。寧靜是本詩一直潛伏著的主調，滲透於全詩每個詩節中。在螺旋塔意象階段，藝術的螺旋塔之所以吸引著詩人將其緊緊地擁著，也就是因爲它的寧靜。

在那無邊地靜進去的顫動裏／只有這種嘶喊是不發聲的／
啞不作聲地似雪景閃動在冬日的流光裏（第一節）

陽光穿過格子窗響起和音
寧靜是一種聽得見的廻音（第二節）

最極致的靜，就是一切發聲、鼓聒的都好像止歇了，它們的聲響被忽略，而本來啞默的瞬間活躍起來，跳動著、發出與心臟同步的聲響，將生命的弦撥動。隨著人類與個體的悲劇日益加深，藝術的絲弦被深重的悲劇繃拉得幾近失去彈性，寧靜愈來愈稀少了，嘈雜中難以傾聽到生命的樂響。詩人只好無奈地一步一步地邁向寧靜的最終極庫存地——死亡。

　　羅門在其論文〈悲劇性的牆〉中指出：在生與死中，人不可能依照意願去獨占一方而把厭惡的另一方捨去，就像一面牆的兩面，得之俱得。牆的悲劇性圍堵引來悲劇性的對抗，人類可通過生生不息的繁衍而永生下去，但同樣也適用於個體，從某個意義上講：個體雖沒有生的自由，卻有死的自由。人類是以頑強的再生能力來抗擊「悲劇性的牆」，個體則是以自絕來向悲劇示威，一個從生、一個從死來兩面地向著「牆」——悲劇夾擊。文學中的第一個存在主義者基里洛夫（Kirilov，陀思妥耶夫斯基小說《群魔》中人物）就是爲了測驗自我意志自由的極限而把自己殺掉，把死的自由從上帝手中奪回來。卡繆（Albert Cumus）認爲最高深、最逼人的問題就是自殺。「牆」的圍困、時空的逼迫是人類永恒的生存境況。在遙遠的年代，死亡——時空的終結點——的巨聞是由上帝擔負著，馬丁·路德（Luther Martin）說過：「死被耶穌之死殺死了」，於是，死亡的恐懼在宗教的庇護下被征服。可在現代，「上帝死了」，人類成爲失去看護的孤兒，死亡的巨閘重重地摔落下來，使本來就促狹的人類生存時空更爲擠迫，人們以掩耳盜鈴的姿態紛紛「逃離」隱在時空背後的死亡的捕殺，可這又如何能呢？

死亡是人類一切意義與價值最終極參照系，於此臨界點，生命、時空乃至「終極追尋」方能顯影。時空則是織成死亡的材料，人們從時空裡讀到了有限和無限、此在和永恒。古典的理性主義者是樂觀的，因爲他們從死亡的背後搜索到「牆」的另一面：無限與永恒。死亡生出時空，而死亡便是時間的中斷。對於一個人而言，依照死亡作爲計量工具，這種時間的中斷只能有一次，然後就永劫而不復。可是鐘錶——人類發明的更美觀、更精確的時間計量工具——則把一個人的時間肢解得七零八落，甭說人的一生中有多少個中斷了，一天的中斷就頗夠人消磨的了。在那凌亂的時間碎片裡，人難於拼出一個完整的自我，不得不活在當下的每一時每一刻，平添煩躁和不安。時間本是「牆」那光明的一面，同時是死亡對峙的壕塹，如今卻暴露出獨裁者的面目，人製造的東西轉而控制人，異化的時間就是人異化的元凶。

死亡作爲人的活動之終極參照系，於它靜默的湖面上也投射出生命輕盈的身姿。所以，羅門喊出：

　　生命最大的廻聲，是碰上死亡才響的。（〈內在世界
　的燈柱〉，見《時空的回聲》頁2，大德出版社1986年5月版）

生命的第一對應就是死亡，如果人是不死的，也就不會生
出生命這個概念了。當異化的時空把人往絕路上驅趕的時
候，死亡的「無時間性」（timelessness，維特根斯坦
Wittgenstein.L.語）能某種程度上抵消異化時空的脅迫。
死亡同生命這一層上的親緣關係使二者攜起手來共同對付
異化的時空，由此，死亡開始綻現出它魅人的美。

　　鏡前的死亡貌似默想的田園
　　竟是一可觸及的溫婉之體
　　那種神秘常似光線首次穿過盲睛／遠景以建築的靜
　　姿而立／以初遇的眼波流注／以不斷的迷住去使一
　　顆心陷入永久的追隨（第六節）

死亡顯出了它的親切，它攝人的美使漆黑一團的生命顯影，
它激起生命感應，如「光線首次穿過盲睛」、「初遇的眼
波流注」般光鮮。但這種死亡是有距離的，詩人注視死亡
的時候還待在螺旋塔中，處在「航程」的第九日，因而這
是一種對死亡的審美，而非死亡本身。對死亡的審美是二
十世紀的產物，人們通過詩與藝術的表象將最險惡、最危

險的東西陳列為可面對的第三者，使那嚙咬靈魂的惡魔成
形之後在面對面的「觀賞」中把其消除、解決。現代藝術
沿著醜與惡的路向越走越遠，出現了死亡詩篇（如狄蘭・
托馬斯 Dylan Thomas作品）、死亡繪畫（如薩爾瓦多・
達利 Solvador Dali 蒙克 Edvard Munch 1863-1944作品）、
死亡音樂（最極端如搖滾樂中的「死亡金屬」Death
Metal），它們製造出震驚和恐怖的藝術幻象來消解不斷
由外界湧至的震撼靈魂深處的裂變。

　　以死亡的手段和意象來回擊正把人拽向絕望和死亡境
地的敵手，其所遵從的無疑是「以暴制暴」的原則，依照
殘暴對手的遊戲規則來對付敵手。二十世紀的藝術以擺脫
理性的控制，以及理性在現時代強大的化身——工業技術
文明的統制而出現的，可是在抵禦過程中卻把工具理性精
神、達爾文進化觀於不知不覺中吸收入其藝術行為中，使
現代藝術競賽般瘋狂地推出所謂新主義、新流派、新技法，
以至藝術成為追求風尚、時髦的工具。藝術就是極端，藝
術就是遊戲，其結果，藝術漸趨遠離了人本身，難以承負
起「人本質力量的對象化」（馬克思 Karl Marx 經典論述）這
一定義，僅僅是種戲耍、膚淺的遊戲。經歷二十世紀現代
藝術興起、高峰和衰落全過程的歐洲最後一位現代藝術大
師、年屆九十高齡的巴爾蒂斯（Barthus）在他1995年的
《致北京書》中這樣諄諄告誡中國藝術家：

> 我懇求我的中國朋友們，不要受現代西方的影響，
> 而此地只是一片極度可怕的混亂！
> 請你們惠顧我的哀曲，因爲這是一個力圖走出20世
> 紀大亂的人所創作的作品。（見《世界美術》雜誌1995
> 年2月，北京發行）

多麼誠懇的忠告！據此可以說躺在螺旋塔裡的死亡不是眞
的死亡，而是一種警示的死亡。只要還有最後的看護，就
不會經歷到死亡，因爲死亡是在無可依傍的暗夜裡才會從
絕望中鑽出來。

　　詩人是不會待在與死亡達成的暫時妥協中的，詩人的
使命就是探險，他讓我們看到了眞的絕望、眞的死亡：

> 喜動似遊步無意踢醒古蹟裏的飛雀／那些影射透過
> 鏡面方被驚視／在湖裏撈塔姿／在光中捕日影／滑
> 過藍色的音波／那條河背離水聲而去／收割季前後
> ／希望與果物同是一支火柴燃熄的過程（第七節）

「喜動」是藏在被看護的懷抱裏蠢蠢欲動的希望，但希望
卻是如「湖裏撈搭」、光中捕影一般空渺、無望，漸漸地
「燃熄」。希望死亡而絕望衍生。

　　一個病患者的雙手分別去抓藥物與棺木／一個囚犯

　　目送另一個囚犯釋放出去（第七節）

一切都在靜悄悄地發生，死亡躺在「棺木」中等候著「病患者」，或去接迎被時空的磨難「釋放」出來的「囚犯」。還是何等地慘痛！面對這顆星球上寄居著的數十億計的「病患者」和「囚犯」，詩人進入了任誰也看護不住的真正悲劇狀態。而此刻的螺旋塔僅是一聲對希望之死的冷漠宣告，同時也是對自己「最後」的宣告。在希望死亡的同時，還有一種狀態或行為也在死亡：

　　　禁一個狩獵季在冬霧打濕的窗內／讓一種走動在鋸齒間探出血的屬性／讓一條河看到自己流不出的樣子／歲月深處腸胃仍走成那條路／走成那從未更變過的方向（第八節）

「狩獵季」移入「窗內」，鏡房——靈魂的自我搏鬥開始，詩人意圖箝制那種環繞在鏡房周圍的悲劇蔓延，要讓分裂的靈魂擠出血來，要把分裂的靈魂慇死在房中，意在自救的行為化為了自虐。但悲劇是任何力量都無法阻擋的，沿著「那從未更變過的方向」，「仍走成那條路」。自此，抗爭也死亡了，人陷入了徹底的絕望。是任什麼也無法將自己從悲劇中搭救出來了。

爬塔人已逐漸感到頂點倒置的涼意（第八節）

下樓之後／那扇門便等著你出去（第八節）

這幢塔無法給予處在渴盼、期待之中的人以拯救，在人宿命地淪入悲劇中時，卻有「頂點倒置的涼意」，撈不到一點神聖的救護。「下樓之後」，「那扇門便等著你出去」，一切便是如此地冷漠和不可救！

悲劇把企圖征服它的人們置於死地，而後生──

五、結尾，並開始

生存悲劇所以發生的悲劇感是一種進入到生命與人類精神深處的感受，是人類與個體存在悲劇性最真實的映照。它是一種健康的情緒，以保持住人類的清醒。可是當悲劇感走向它的極端──絕望時，便具有了毀滅性和自殺性的意味。絕望是一種危險的病態，陷入其黑洞，一切美善、價值、意義都將給吞噬乾淨，人因此而走向非人和癲狂。美狄亞（Medea，古希臘著名悲劇人物）屠戮親子，阿爾都塞（Althusser，1918-1990）弒妻、以及顧城的悲劇等即是明證，他們明顯地拾取了反人性的、殘暴的悲劇解決方式。

現代的生存悲劇應如何解決？羅門先生在致筆者的一封信中，談及此詩，曾說：

> 詩中「爬塔人」的「塔」是指現實世界中，人所爬
> 的塔，同詩開頭所指的第三自然螺旋型的「塔」是
> 不同的。人在現實世界中爬「塔」的悲劇性，只能
> 放在被詩與藝術昇華與超越的內心第三自然螺旋型
> 之「塔」中，方能激化與昇華出生命存在的「美」
> 的感知與悟知……（於1996年10月22日）

這是點撥迷津的一封信，讓我看到兩座「塔」的存在及其
分別：一是現實的「塔」，另一是第三自然螺旋型之「塔」，
即藝術之「塔」。前者現實的「塔」是用欲求、願望與目
的依照因果邏輯的程序堆起的，由欲求堆起再由欲求扒去，
重起，如此循環往復而沒有一以貫之的精神，若按叔本華
（Arthur Schopenhauer）的說法即是在欲求和實現間永
無止境的搖擺與重複，它是人類無望的悲劇性的根源。而
第三自然螺旋型之「塔」雖是自現實始，但絕不停留於現
實。

> 透過聯想力，導入內心潛在的經驗世界，予以交感、
> 提昇與轉化為內心的第二層面的現實，使其獲得更
> 富足的內涵，而存在於更龐大且完美與永恆的生命
> 結構與形態之中，也就是存在於內心無限的「第三
> 自然」之中。（〈「第三自然螺旋架」的創作理念〉，見

《羅門論文集》頁116）

這座藝術之「塔」通過無盡的超越、旋升、盤桓而成，沒有終極，也沒有既定的指向，其中貫徹的邏輯就是超越。羅門先生自繪的圖示更足以說明此點。

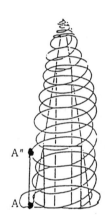

從現實原型的 A 到 A^N，不斷地乘方，其冪不斷地積加直至 N 這一個沒有確指的無限的代號，已表明了第三自然螺旋型之「塔」的存在方式、形態和演進邏輯，是正好臻致羅門心目中的「前進中的永恒」的生命途徑。

　　現實的「塔」在與現代生存悲劇的對抗中有一個終極，在終極處，悲劇非但未被消磨掉反而以更爲凌厲的姿態跳於人前，這不能不使現實爬塔人於其「登峰造極」處發出無物以傍、無神以護的絕望與哀痛。而第三自然螺旋型之

「塔」──詩與藝術之「塔」則能將悲劇統化入一種不斷
對其超越的永恒狀態中。也就是說詩與藝術是一個對抗悲
劇的恒在與潔淨的聖地。以爬現實之「塔」的姿態去爬藝
術之「塔」是與第三自然螺旋型構架的存在方式、邏輯和
精神是有很大的差距的。現實人對現實之「塔」的爬行是
外在化的，它需要一種可見、可觸的兌現，宗教便是利用
了現實人急切渴望得到兌現的心態給予未來──遙遙無期
的天國之存在──的許諾，從而延遲、鈍化悲劇感。藝術
卻是充分內在化、個人化的，因爲只有藝術才能傾聽和表
達生命的內在樂響，藝術因與生命的聯盟而取得了生命跨
越時空的無限性和永恒性，同時生命也因著藝術得到被表
達、被傳示的欣悅和感動。

　　作爲生存之中最深處、最具威力、至眞至純的人的生
命，悲劇性往往是最先於其之上得到呈現，生命因之更進
深沉和眞實，進入「本眞」狀態。也可以說，藝術與悲劇
同時在生命中紮下了根，並內化到生命的存在狀態中，將
存在著的詩意（任何有形之藝術）化成詩意地存在（活動
意義上的生命存在方式）。在詩中，詩人即爲我們明示了
這內化的行程：

藝術：貝多芬《第九交響樂》→宗教化　→個體化

征	拯	抗	
↓服	↓救	↓爭	生命

悲劇：人類的悲劇　　　→人世的異化→存在的痛苦

藝術與悲劇由外在的敵對狀態，經過第三階段個體「鏡房」那裡的衝突，兩敗俱傷，達到融合，藝術、生命、悲劇獲得一體化，藝術的拯救模式也從而轉化爲藝術地、詩化地生存方式。化靜爲動、化外爲內，詩人徹底地回復到一種深在的生命狀態上。

> 我的鳥／終日被無聲的浪浮雕
> 在明媚的無風季／航程睡在捲髮似的摺帆裏
> 在那面鏡中／再看不見一城喧鬧／一市燈影（第九節）

「無聲」、「無風」，也「看不到一城喧鬧」、「一市燈影」，就連「航程」也「睡」下了，顯得那麼地靜寂、安然。這一切都是知天安命通觀與達觀的結果，詩人應承了自身的那份悲劇性，坦然地擔負起來。

> 當晚霞的流光／流不回午前的東方／我的眼睛便昏

> 暗在最後的橫木上／聽車音走近／車音去遠／車音
> 去遠（第九節）

在時空的層層阻力中，詩人曉悟了生命存在的悲劇性，其
生命與詩在悲劇的抑制下趨於沉凝和成熟，化爲自足自在
的底流，從而透悟生命。

一種東西在死去的時候，另一種東西卻在活過來。詩
中被死死追逐的、要求現實現世兌現的希望已經遠離，但
是，在另一個維度上，希望又復活了：機心死而靈心活。
當機心在不斷地碰壁受盡創傷之後，一個詩的更爲空曠、
博大的空前開始展現。

> 以沒有語文的原始深情與山的默想（第九節）

世界沒了理性的分割與功利的褊狹，物恢復了它的本象，
將那種「沒有語文的原始」的眞實敞露在詩人與藝術家的
靈視（Poetic Vision）前，撞擊出「沒有語文的原始的深
情」來，返歸到一種「前概念性」空間中來，這一切正是
至純至美的詩與藝術所渴求的。此時，詩人所追尋的正同
致力於思與詩融合的哲學家海德格爾（Matin Heidegger）
不謀而合。後期海德格爾就是在探索如何使物從傳統理性
主義的桎梏下解放出來，恢復物象的本眞。再跨越遙遠的

時空，於

驅萬里車在無路的路上（第九節）

這旅途中，詩人還將碰見「無爲而爲之」的莊周，一同向著「絕聖棄智」的原本回歸。因悲劇而沉鬱下來的生命會重新啓開和綻放在藝術中，而藝術則將因此獲得廣博的空間和視野，悲劇也將消融，散失在生命中，然後在詩與藝術中生長出美的根系。

　　就此意義上來說，〈第九日的底流〉是詩人隨著音樂這天啓之音旋入詩與藝術之途，踩著悲劇那堅實的基石向最美、最神聖的無限終極推進，趨向那凝結著生命血力、精神的第三自然螺旋型之「塔」──藝術之「塔」。只有在悲劇之中才能把悲劇遺忘，只有在救贖中才能被拯救，藝術能看見上帝對人世悲劇的擔負和承諾，至於現實的那種悲劇與救拯的相對抵消，因爲麻痺與延遲、躲避與對抗都無法將悲劇化解。悲劇與救拯永不可放在一個緯度上言說，只要有人存在，二者就誰也消磨不掉誰。悲劇在時空中延展，救拯也在每时每刻通過人類與個體不屈的姿態贖回著，你難道聽不見在悲劇層層抑壓下「第九日底流」那厚實而蒼勁的回聲嗎？

　　悲劇仍在繼續，並將繼續下去。我們看到我們的周圍出賣時間的人越來越多，而且他們似已不再有痛苦和被逼無奈的感覺。一個時代在模制一個時代的人，處於後現代的今天，詩人與藝術家更應該站出來拒絕置身於被投入制模中的一群。他們的任務就是目擊、記錄，「於神性之夜走遍大地」（荷爾德林 Friedrich Holdelin詩），給予人們以警示，就像已在悲劇的夜空中穿行三十六年的《第九日的底流》所做的一樣。

注：文內引詩均出自《羅門詩選》洪範書店版

附語：

　　這篇論文歷時三個多月。在羅門眾多的詩篇中，〈第九日的底流〉是個評論的禁區，極少有人整體上的涉足，大概是其艱、其險、其難於把握，今我把我推到這個「前不見古人，後不見來者」的境地，來探這個雷區，也是對自己極限的一個測試。

　　很感激俞兆平師將羅門的作品推荐給我作為研究對象，也很感激羅門在詩頁和文章中給予的教誨，要不是俞師的嚴格要求和督促，像我這樣的人估計早就飛了，飛到街市中再也回不來；要不是羅門在詩行裡，語句間矗立的身影和敏銳的目光，我或許也不會摸回到回程的路。這條守在書桌旁的路可能會很孤獨，在當下這個語境下，也很淒涼，但卻是最有意義，也許是最健康的，我將向〈第九日的底流〉中的羅門學習，去獨守那份悲劇感，勇敢地承擔起來。………

張艾弓　1996.10.5.凌晨.廈大.

第九日的底流

羅　門

第九日的底流　羅門

不安似海的悲多芬伴第九交響樂長眠地下，我在地上張目活者，除了這種顫慄性的美，還有什麼能到永恆那裏去。

序　曲

當托斯卡尼尼的指揮棒
　　　　　砍去紊亂
你是馳車　我是路
我是路　你是被路追住不放的遠方

樂聖　我的老管家
你不在時　廳燈入夜仍暗者
　　　　　爐火熄滅　院門深鎖
　　　　　世界背光而睡

你步返　踩動唱盤裏不死的年輪
我便跟隨你成為迴旋的春日
在那一林一林的泉聲中

於你連年織紡著旋律的小閣樓裏
　　　一切都有了美好的穿著
日子笑如拉卡
我便在你聲音的感光片上
　　　成為那種可見的迴響

————

鑽石針劃出螺旋塔
所有的建築物都自目中離去
螺旋塔昇成天空的支柱
高遠以無限的藍引領
渾圓與單純忙於美的造型
透過琉璃窗　景色流來如酒
醉入那深沉　我便睡成底流
在那無邊地靜進去的顫動裏
只有這種嘶喊是不發聲的
而在你音色輝映的塔國裏
純淨的時間仍被鐘錶的雙手捏住
萬物回歸自己的本位　仍以可愛的容貌相視
我的心境美如典雅的織品　置入你的透明
啞不作聲地似雪景閃動在冬日的流光裏

二

日子以三月的晴空呼喚
陽光穿過格子窗響起和音
凝目定位入明朗的遠景
寧靜是一種聽得見的迴音
整座藍天坐在教堂的尖頂上
凡是眼睛都步入那仰視
方向似孩子們的神色於驚異中集會
身體湧進禮拜日去換上一件淨衣
為了以後六天再會弄髒它
而在你第九號莊穆的圓廳內
一切結構似光的模式　鐘的模式
　　　我的安息日是軟軟的海棉墊　綉滿月桂花
　　　將不快的煩燥似血釘取出
　　　痛苦便在你纏繞的繃帶下靜息

三

眼睛被蒼茫射傷
日子仍迴轉成鐘的圓臉
林園仍用枝葉描繪著季節
在暗冬　聖誕紅是舉向天國的火把

人們在一張小卡片上將好的神話保存
那輛遭雪夜追擊的獵車
終於碰碎鎮上的燈光　遇見安息日
窗門似聖經的封面開著
在你形如教堂的第九號屋裏
爐火通燃　內容已烤得很暖
沒有事物再去抄襲河流的急燥
掛在壁上的鐵環獵槍與拐杖
都齊以協和的神色參加合唱
都一同走進那深深的注視

四

常驚遇於走廊的拐角
似燈的風貌向夜　你鎮定我的視度
兩輛車急急相錯而過
兩條路便死在一個交點上
當冬日的陽光探視著滿園落葉
我亦被日曆牌上一個死了很久的日期審視
在昨天與明日的兩扇門向兩邊拉開之際
空闊裏　沒有手臂不急於種種觸及
「現在」仍以它插花似的姿容去更換人們的激賞
而不斷的失落也加高了死亡之屋

以甬道的幽靜去接露臺挨近鬧廳
以新娘盈目的滿足傾倒在教堂的紅氈上
你的聲音在第九日是聖瑪麗亞的眼睛
調度人們靠入的步式

五

穿過歷史的古堡與玄學的天橋
人是一隻迷失於荒林中的瘦鳥
沒有綠色來確認那是一棵樹
困於迷離的鏡房　終日受光與暗的絞刑
身體急轉　像浪聲在旋風中
片刻正對　便如在太陽反射的急潮上碑立
於靜於動的兩葉封殼之間
人是被釘在時間之書裏的死蝴蝶
禁黑暗的激流與整冬的蒼白於體內
使鏡房成為光的墳地　色的死牢
此刻　你必須逃離那些交錯的投影
去賣掉整個工作的上午與下午
然後把頭埋在餐盤裏去認出你的神
而在那一剎間的迴響裏　另一隻手已觸及永恆的前額

六

如此盯望　鏡前的死亡貌似默想的田園

黑暗的方屋裏　終日被看不見的光看守

簾幕垂下　睫毛垂下

無際無涯　竟是一可觸及的溫婉之體

那種神秘常似光線首次穿過盲睛

遠景以建築的靜姿而立　以初遇的眼波流注

以不斷的迷住去使一顆心陷入永久的追隨

沒有事物會發生悸動　當潮水流過風季

當焚後的廢墟上　慰藉自闊掌間似鳥飛起

當航程進入第九日　吵鬧的故事退出海的背景

世界便沉靜如你的凝目

遠遠地連接住天國的走廊

在石階上　仰望走向莊穆

在紅氈上　腳步探向穩定

七

吊燈俯視靜廳　迴音無聲

喜動似遊步無意踢醒古蹟裏的飛雀

那些影射常透過鏡面方被驚視

在湖裏撈塔姿　在光中捕日影

滑過藍色的音波　那條河背離水聲而去

收割季前後　希望與果物同是一支火柴燃熄的過程

許多焦慮的頭低垂在時間的斷柱上
一種刀尖也達不到的劇痛常起自不見血的損傷
當日子流失如孩子們眼中的斷箏
　一個病患的雙手分別去抓住藥物與棺木
　一個囚犯目送另一個囚犯釋放出去
那些默喊　便厚重如整個童年的憶念
　被一個陷入漩渦中的手勢托住
而「最後」它總是序幕般徐徐落下

八

當綠色自樹頂跌碎　春天是一輛失速的滑車
在靜止的淵底　只有落葉是聲音
在眉端髮際　季節帶著驚慌的臉逃亡
禁一個狩獵季在冬霧打濕的窗內
讓一種走動在鋸齒間探出血的屬性
讓一條河看到自己流不出去的樣子
歲月深處腸胃仍走成那條路
走在那從未更變過的方向
探首車外　流失的距離似紡線捲入遠景
汽笛就這樣棄一條飄巾在站上
讓回頭人在燈下窺見日子華麗的剪裁與縫合
沒有誰不是雲　在雲底追隨飄姿　追隨靜止

爬塔人已逐漸感到頂點倒置的冷意

下樓之後　那扇門便等著你出去

九

我的鳥　終日被無聲的浪浮雕

以沒有語文的原始的深情與山的默想

在明媚的無風季　航程睡在捲髮似的摺帆裏

我的遙望是遠海裏的海　天外的天

一放目　被看過的都不回首

驅萬里車在無路的路上　輪轍埋於雪

雙手被蒼茫攔回胸前如教堂的門閣上

我的鳥便靜渡安息日　閒如收割季過後的莊園

在那面鏡中　再看不見一城喧鬧　一市燈影

星月都已跑票　誰的腳能是那輪日

天地線是永久永久的啞盲了

當晚霞的流光　流不回午前的東方

我的眼睛便昏暗在最後的橫木上

聽車音走近　車音去遠　車音去遠

一九六〇